Michael Brückner

So machen Sie Ihren Verein erfolgreich

- Presse- und Öffentlichkeitsarbeit
- Sponsoring
- Fundraising

UEBERREUTER

Die Deutsche Bibliothek – CIP-Einheitsaufnahme

Brückner, Michael:
So machen Sie Ihren Verein erfolgreich : Presse- und
Öffentlichkeitsarbeit, Sponsoring, Fundraising
Michael Brückner – Wien : Ueberreuter, 1996
   (New Business Line) (Manager Magazin Edition)
   ISBN 3-7064-0201-7

S 0189   2 3 4 5 / 00 99 98 97

Technische Redaktion: Dr. Andreas Zeiner
Illustrationen: Josef Koo
Umschlag: Kurt Rendl
Copyright © 1996 by Wirtschaftsverlag Carl Ueberreuter, Wien
Printed in Austria

Inhalt

Vorwort _____ 5
Einleitung: Verein und Stiftung – was ist was? _____ 6

Teil 1: Imageanalyse und -pflege _____ 9
Analysieren Sie das Image Ihrer Organisation _____ 10
   Der beste Weg: Fragen Sie Ihre Mitglieder _____ 14
Auf Wiedererkennungseffekte setzen _____ 15
Frischer Wind für Ihre Vereinszeitung _____ 16
Immer den richtigen Ton treffen _____ 18
Checkliste _____ 20

Teil 2: Presse- und Öffentlichkeitsarbeit _____ 21
Das Verhältnis zu den Medien _____ 22
Zum Umgang mit der Presse _____ 25
Beispiele aus dem Vereinsleben _____ 27
Beispiel aus dem Bereich Stiftungswesen _____ 32
Checkliste _____ 34

Teil 3: Sponsoring _____ 35
Das Geschäft auf Gegenseitigkeit _____ 36
   Definitionen _____ 36
Was der Sponsor erwartet _____ 38
   Was haben Sie zu bieten? _____ 39
Worauf der Sponsor achtet, und was das für Sie bedeutet _____ 41
Mit wem Sie es zu tun haben _____ 44
Das Sponsoringkonzept _____ 45
   Die wichtigsten Inhaltselemente eines Sponsoringkonzept ___ 45
   Leistungen des Sponsoringnehmers _____ 46
   Schematischer Aufbau Ihres Sponsoringkonzepts _____ 48
Geschafft: Der Sponsoringvertrag _____ 49
   Beispiele für Sponsoringverträge _____ 49
Die Europäische Sponsoring Börse (ESB) _____ 53
Checkliste _____ 54

Teil 4: Fundraising _____ 57
Spendenbriefe: Botschaften, die zu Herzen gehen _____ 58
   Die wichtigsten Strategien für ein erfolgreiches Spendenmailing ___ 59
   So texten Sie erfolgreiche Spendenmailings _____ 62

Macht und Magie der Headlines _____ 63
Der »Einstieg« in Ihren Spendenbrief _____ 65
Der Spendenbrief im Aufbau _____ 70
Checkliste _____ 76
Wie Sie Spender an sich binden _____ 77
Wie Sie sich bei Ihren Spendern bedanken sollten _____ 78
Der regelmäßige Spender _____ 81
Checkliste _____ 85
Weitere Möglichkeiten der Spendenakquisition _____ 86
Sammlungen _____ 86
Bußgeldmarketing _____ 90
Kostenlose Spendenanzeigen _____ 90

Anhang: Weiterführende Literatur _____ 95

Vorwort

Die Symptome gleichen sich in allen westlichen Wirtschaftsnationen: Die in den Boom-Jahren entstandenen Wohlfahrtsstaaten lassen sich im bisher gewohnten Umfang nicht mehr finanzieren. Es sei denn um den Preis einer dramatisch verschlechterten internationalen Wettbewerbsfähigkeit und allen damit einhergehenden brisanten Konsequenzen für die Arbeitsmärkte. Sparen wird zur vorrangigen Aufgabe für die Finanzminister.

Jeder spürt: Vom Staat ist nicht mehr allzuviel zu erwarten. Die Herausforderungen aber bleiben. Die Förderung des Sports, der Erhalt von Kulturdenkmalen, dringende Maßnahmen zum Schutz der Umwelt sowie die Unterstützung der wissenschaftlichen Forschung stellen wichtige Zukunftsaufgaben dar – unabhängig von der Etatsituation der öffentlichen Hand. Das gilt auch für die kulturelle Vielfalt in den Städten und das soziale Engagement für bedürftige Menschen.

Im gleichen Maße wie die Wohlfahrtsstaaten abspecken wächst die Bedeutung des Non-Profit-Sektors, zu dem alle Formen von gemeinnützigen Organisationen zählen. Privatinitiative ist gefordert. Schon gilt der Non-Profit-Bereich als dritte wirtschaftliche Säule neben Staat und Markt.

Das bedeutet gleichzeitig: Der Kampf um die Herzen und Geldbörsen wird härter. Innovative Methoden des Fundraising sind gefragt, um auf dem Spendenmarkt noch gute Karten zu haben. Längst arbeiten die großen Non-Profit-Organisationen mit erfahrenen Agenturen zusammen, oder sie kaufen gleich selbst entsprechende Experten ein.

Welche Chancen bleiben da noch den kleinen und mittleren Vereinen oder Stiftungen? Die Antwort ist einfach: Auch sie müssen sich um Professionalität bemühen. Das vorliegende Buch macht den Leser anhand zahlreicher Beispiele mit den Möglichkeiten des Fundraising und der Öffentlichkeitsarbeit vertraut. Aus dem Vereinsvorsitzenden wird ein Non-Profit-Manager.

Wir wünschen Ihnen viel Spaß und natürlich ebenso viele Erkenntnisse beim Durcharbeiten dieses Buches. Mögen Sie stets auf offene Herzen und offene Geldbörsen stoßen – im Interesse der guten Sache, für die Sie eintreten.

Michael Brückner

Einleitung: Verein und Stiftung – was ist was?

Der Begriff »Non-Profit-Organisation« ist weitgefaßt. Gemeinnützige Vereine gehören zum Beispiel ebenso zu dieser Kategorie wie Stiftungen. Was bedeutet »Non-Profit« eigentlich?

> ♦ *Die Bezeichnung »Non-Profit-Organisation« zeigt an, daß das Handeln einer Organisation nicht auf private Gewinnerzielung ausgerichtet ist. Gewinne sind vielmehr für gemeinnützige Zwecke auszuzahlen.*

Bevor wir uns nun der Praxis zuwenden, macht es Sinn, zunächst Vereine von Stiftungen abzugrenzen. Zwischen beiden bestehen erhebliche Unterschiede.

Zunächst zum Thema »Vereine«. Bei der Suche nach einer Definition müssen wir weit in die Rechtsgeschichte zurückgreifen. Am 2. Februar 1905 sprach das Deutsche Reichsgericht Klartext: Als Verein sei »eine dauernde Verbindung einer größeren Zahl von Personen zur Erreichung eines ihnen gemeinsamen Zwecks …« anzusehen. Die heutige, in Deutschland übliche Definition klingt schon etwas präziser. Im Sinn des Bürgerlichen Gesetzbuches (BGB) ist ein Verein ein »freiwilliger, auf eine gewisse Dauer angelegter, körperschaftlich organisierter und vom Wechsel seiner Mitglieder unabhängiger Zusammenschluß mehrerer Personen unter einem Gesamtnamen zur Verfolgung gemeinsamer Ziele«.

Doch genug der sterilen Juristensprache. Uns interessiert an dieser Stelle nur der gemeinnützige Verein, der gleichsam als »klassische« Form einer Non-Profit-Organisation gilt. Er finanziert sich zum einen aus Mitgliedsbeiträgen, zum anderen aus Spenden und aus den Erträgen gezielter Fundraising-Maßnahmen, wie etwa Sponsoring. Die Rechte der einzelnen Vereinsmitglieder sind ziemlich weitgehend. Sie müssen zum Beispiel in regelmäßigen Abständen den Vereinsvorstand entlasten und neu wählen. Zumindest theoretisch besteht bei einem Verein daher die Gefahr mangelnder personeller Kontinuität, zumal dann, wenn sich innerhalb des Vereins bestimmte Fraktionen bilden, die gegen die jeweils amtierenden Vorstände opponieren und deren Abberufung betreiben.

Was versteht man nun unter einer Stiftung? Ob Sie es glauben oder nicht, der Begriff »Stiftung« ist nirgendwo gesetzlich definiert. Aus der Rechtsprechung, aus Verordnungen und aufgrund der einschlägigen Literatur ergeben sich indessen bestimmte typische Merkmale, die eine Stiftung ausmachen.

Wichtig ist in diesem Zusammenhang der *Stifterwille*. Der Stifter muß die eindeutige Absicht haben, sich unwiderruflich von Teilen seines Eigentums und deren Nutznießung zu trennen. Klingt vielleicht etwas kompliziert, ist aber einfach nachvollziehbar: Der Stifter trennt sich auf Dauer von einem Teil seines Vermögens. Die Stiftung legt das Geld an, und die Kapitalerträge fließen dem gemeinnützigen Zweck zu.

Was den *Stiftungszweck* angeht, so kommt alles in Betracht, was nicht dem Gemeinwohl oder den Gesetzen widerspricht. Gemeinnützige Zwecke sind ebenso denkbar wie privatnützige.

Im Vordergrund stehen in der Regel aber gemeinnützige Aufgaben. Zum Beispiel im Bereich »Soziales«:

● Bildung und Erziehung

● Krankenpflege

● Altenfürsorge

● Gesundheit und Sport

Zum Beispiel in den Bereichen »Kunst und Kultur«:

● Universitäten

● Bibliotheken

● Museen

● Denkmalpflege

● Musik

● Förderpreise

● Institute

Zum Beispiel in den Bereichen »Wissenschaft und Forschung«:

● Wissenschaftliche Forschung

● Stipendien

● Ausstattung von Instituten und Lehrstühlen

Darüber hinaus entstanden Stiftungen für religiöse, politische und ökologische Aufgaben.

Wichtig: Neben der rechtsfähigen, selbständigen Stiftung, die der staatlichen Genehmigung und der behördlichen Aufsicht bedarf, gibt es die Möglichkeit, eine sogenannte »treuhänderische Stiftung« ins Leben zu rufen. Diese wird von einem rechtsfähigen Träger – meist durch eine selbständige Stiftung – verwaltet. Der Vorteil einer »treuhänderischen Stiftung«: Sie läßt sich schnell und weitgehend unbürokratisch gründen und eignet sich somit in besonderer Weise für schnelle Hilfe.

Im Gegensatz zum Verein sitzt der Vorstand einer Stiftung sozusagen »fest im Sattel«. Denn die Stiftungsaufsicht hat nur darüber zu wachen, daß die Bestimmungen der Satzung eingehalten und keine Gesetze verletzt werden. Was die Vermögensverwaltung beziehungsweise die Verwendung der Erträge angeht, darf die Aufsichtsbehörde dem Stiftungsvorstand keine Vorschriften machen.

Teil 1:

Imageanalyse und -pflege

1.1 Analysieren Sie das Image Ihrer Organisation

Warum kaufen Sie das Gerät des Herstellers X und nicht jenes des Konkurrenten Y? Warum entscheiden Sie sich für das Bankhaus A und nicht für das Bankhaus B? Alles nur eine Frage des Geschmacks und der Kosten? Mag sein. Nüchtern betrachtet läßt es sich freilich nicht bestreiten, daß die auf dem Markt befindlichen Produkte und Dienstleistungen einander immer ähnlicher werden. Markante Preisunterschiede oder nennenswerte Qualitätsvorteile sind bei Standardprodukten kaum noch auszumachen.

Gestatten Sie eine weitere Frage: Angenommen, ein großherziger Spender plant eine gute Tat. Weshalb soll er ausgerechnet Ihren Verein mit einem Geldbetrag unterstützen und nicht einen anderen? Was könnte ein Unternehmen veranlassen, gerade Ihren Verein zu sponsern?

Notieren Sie hier Ihre Argumente:

_____

_____

_____

_____

_____

Falls Ihnen wirklich Überzeugendes eingefallen ist, sparen Sie sich diesen einführenden Teil und lesen Sie bei Teil 2 weiter. Wenn Sie aber zögerten, lange nachdenken mußten oder sich nicht sicher sind, folgen Sie bitte unseren Überlegungen.

Ein entscheidendes Erfolgskriterium stellt ein gutes Image dar. Das gilt in besonderem Maße für gemeinnützige Organisationen. Denn im Gegensatz zu einem Wirtschaftsunternehmen aus Produktion, Handel oder Dienstleistungen haben Sie Ihren »Kunden« keine Gegenleistung für deren Spenden anzubieten, sieht man von der steuersenkenden Spendenquittung einmal ab. Mithin kann die Gegenleistung nur darin bestehen, daß Ihr Spender die Überzeugung gewinnt, mit seiner Zuwendung »ein gutes Werk« getan zu haben. Ob Sie dieses Gefühl vermitteln können, hängt vom Image Ihrer gemeinnützigen Organisation ab.

Zu einem positiven Image passen folgende Einschätzungen (scheuen Sie sich nicht, die folgende Liste zu ergänzen): Der Verein bzw. die Stiftung ...

● ... kümmert sich um Menschen, denen sonst keiner hilft

● ... erfüllt eine wichtige gesellschaftspolitische Aufgabe, die der Staat gar nicht oder nicht ausreichend berücksichtigt

● ... »rüttelt wach«, sorgt für das notwendige Bewußtsein

● ... hat angesehene Männer und Frauen im Vorstand

● ... tritt bescheiden auf, verschwendet keine Spendengelder

● ... hat belegbare Erfolge aufzuweisen

● ... ist modern, fortschrittlich

● ... arbeitet auch mit öffentlichen Institutionen zusammen

● ... hat eine gute Presse

Ihre Ergänzungsvorschläge:

● ... _____

● ... _____

● ... _____

● ... _____

● ... _____

● ... _____

● ... _____

● ... _____

● ... _____

● ... _____

Zu einem negativen Image führen folgende Einschätzungen (ebenfalls ergänzungsfähig): Der Verein bzw. die Stiftung ...

● ... erscheint altmodisch («Alte-Herren-Riege»)

● ... kann oder will nicht viel bewegen

● ... unterhält einen riesigen Verwaltungsapparat, verschwendet somit Spendenmittel

● ... läßt nur etwas von sich hören, wenn er/sie um Spenden bittet

● ... hat eine schlechte Presse

● ... arbeitet zu langsam, Hilfe kommt entweder nicht oder zu spät an

Ihre Ergänzungsvorschläge:

● ... _____

● ... _____

● ... _____

● ... _____

● ... _____

● ... _____

● ... _____

● ... _____

● ... _____

● ... _____

● ... _____

● ... _____

Und wie schätzen Sie das Image Ihrer Organisation ein? Wo liegen aus Ihrer Sicht Stärken und Schwächen?

Unsere Stärken: _____

_____

_____

_____

_____

_____

_____

_____

Unsere Schwächen: _____

_____

_____

_____

_____

_____

_____

_____

1.1.1 Der beste Weg: Fragen Sie einfach Ihre Mitglieder

Zugegeben: Sich in eigener Sache zu äußern, eigene Stärken und – noch komplizierter – eigene Schwächen zu beschreiben, birgt immer die Gefahr der Selbstüber- oder -unterschätzung in sich. Die Meinung Ihrer Mitglieder (bei einer Stiftung die Meinung Ihrer Förderer) erscheint da schon als ein etwas verläßlicherer Indikator. Fragen Sie nach. Legen Sie dem nächsten Rundbrief oder der nächsten Ausgabe Ihrer Mitgliederzeitung einen entsprechenden Fragenkatalog bei. Um die Rücksendequote zu erhöhen, empfiehlt es sich, für die ersten 20, 30 oder 40 Einsender kleinere Präsente auszusetzen.

Konfrontieren Sie Ihre Leser am besten mit vorformulierten Aussagen. Zum Beispiel:

● »Ich fühle mich über die Aktivitäten des Vereins immer ausreichend informiert.«

● »Die Ziele des Vereins stoßen in der Öffentlichkeit generell auf Zustimmung.«

● »Die Werbung und Öffentlichkeitsarbeit des Vereins erscheint mir ausreichend.«

● »Die Mitgliederzeitung meines Vereins lese ich regelmäßig.«

Geben Sie Ihren Mitgliedern die Möglichkeit, zum Beispiel zwischen den Antworten »Stimme zu«, »Stimme nur zum Teil zu«, »Stimme nicht zu« zu antworten.

Ähnliche Fragebögen sollten Sie für potentielle Sponsoren, für Politiker und Journalisten zusammenstellen.

Die Ergebnisse der sorgfältigen Auswertung dieser Frageaktion können zwar nicht den Anspruch erheben, repräsentativ zu sein, dennoch erarbeiten Sie sich einen groben Eindruck von Ihrem »Ist-Image«. Nun sehen Sie klarer, wo die Stärken und Schwächen Ihrer Organisation liegen – und wie Sie gegensteuern sollten, um Ihr »Soll-Image« zu erreichen.

1.2 Auf Wiedererkennungseffekte setzen

Unternehmen setzen bei ihrer Kommunikation immer stärker auf ein einheitliches Erscheinungsbild. Insider sprechen von Corporate Design oder kurz von »CD«. In den Werbeagenturen stehen dicke Ordner der jeweiligen Kunden, in denen genau festgelegt ist, wie groß und in welcher Schrift der Firmenname erscheinen muß, welche Farbe das Firmenlogo hat («grün« allein genügt nicht – welches Grün?), wie groß die Zwischenräume zwischen den einzelnen Buchstaben sein müssen, wie das Layout aller Publikationen des Hauses auszusehen hat – und vieles mehr.

Snobismus? Keineswegs. Dahinter steckt vielmehr folgende Absicht: Wo immer sich das Unternehmen mit Broschüren, Anzeigen oder Plakaten präsentiert – sofort soll es der Betrachter wiedererkennen, und zwar allein aufgrund des optischen Auftritts.

♦ *Setzen Sie ebenfalls auf den Wiedererkennungseffekt. Modernisieren Sie Ihr Erscheinungsbild (wie alt ist eigentlich Ihr Vereinslogo?). Ganz gleich, ob auf Ihrem Briefpapier, Ihren Werbebriefen, Mitgliederzeitschriften, Plakaten, Broschüren und natürlich in Ihren Anzeigen: Überall sollte ihr frisches, sympathisches Vereinslogo prangen.*

1.3 Frischer Wind für Ihre Vereinszeitung

Die meisten gemeinnützigen Organisationen geben regelmäßig erscheinende Mitglieder- bzw. Fördererzeitungen heraus. Sie verfolgen damit drei Ziele:

1. Eine solche Publikation dient der Bindung der Mitglieder und Förderer an den Verein bzw. an die Stiftung.

2. Sie können in dieser Zeitung Rechenschaft über die Aktivitäten Ihres Vereins ablegen (Motto: »Hier konnten wir helfen – dank Ihrer Hilfe«).

3. Sie haben die Möglichkeit des direkten Spendenappells (Motto: »Manches haben wir dank Ihrer Hilfe schon geschafft; vieles liegt noch vor uns«).

Es kommt nicht darauf an, ob Ihre Vereinszeitung nun alle zwei oder drei Monate erscheint, ob sie acht, 16 oder 32 Seiten umfaßt, ob sie schwarzweiß oder in Farbe daherkommt. Wichtig erscheint nur, daß sie den Empfängern Leseanreize bietet. Sie wissen ja selbst, mit wie vielen Drucksachen wir heute überschwemmt werden.

Jeder Verein, jede Stiftung hat ihr eigenes Thema, das sich natugemäß in ihren Publikationen widerspiegelt. Es ist deshalb nicht möglich, konkrete Tips für jede einzelne Sparte zu geben. Die nachfolgenden Anregungen gelten jedoch allgemein für alle Arten von Mitglieder- oder Fördererzeitschriften:

- Kein »Jammerton«. *Erzählen* Sie dem Leser, wofür die Spendengelder verwendet und welche Erfolge dabei erzielt wurden. Beschreiben Sie anschließend, was noch zu tun bleibt und wieviel Geld hierfür notwendig ist. Der Leser muß den Eindruck gewinnen, daß seine Spenden »gut angelegt« sind. Das Wort »erzählen« wählten wir nicht von ungefähr. Schreiben Sie Ihren Bericht ruhig etwas subjektiv. Geben Sie Ihrem Text Farbe. Schreiben Sie nicht in der Form eines Rechenschaftsberichts.

- Nutzen Sie die Zeitung, um die Mitarbeiter Ihrer Organisation zu porträtieren (»Sabine N. verwaltet Ihre Spenden – was ist das eigentlich für eine Frau?«).

- Binden Sie die Leser ein. Schaffen Sie Diskussionsforen, ermuntern Sie die Leser, ihre Meinung zu sagen. Das stärkt den Kontakt Vereinsbasis – Vorstand bzw. Geschäftsstelle und gibt Ihnen wertvolle Hinweise, wie Ihre Mitglieder und Förderer über diesen oder jenen Punkt Ihrer Vereinspolitik denken.

● Sorgen Sie für ein zeitgemäßes Layout, auch wenn es am Ende etwas teurer wird. Langweilig aufgemachte Publikationen sind erfahrungsgemäß die teuersten: Sie landen ungelesen im nächsten Papierkorb. Bilder, Grafiken, vielleicht sogar mal eine Karikatur lockern Ihre Zeitung auf.

● Eigentlich selbstverständlich: Jeder Ausgabe muß ein Überweisungsträger beiliegen, um es dem Spender möglichst einfach zu machen.

● Haben Sie eine für die werbende Wirtschaft interessante Auflage erreicht, sollten Sie überlegen, ob Sie Ihre Zeitung nicht in einem eigenen Kleinverlag herausbringen. Die Geschäftsanteile dieses Verlags können bis zu 100 Prozent bei Ihrer Organisation liegen. Ihr Vorteil: Ein solcher Verlag darf nach dem Gewinnprinzip arbeiten (etwa durch den forcierten Verkauf von Anzeigen). Diese Gewinne kommen am Ende dann wieder der gemeinnützigen Organisation zugute.

1.4 Immer den richtigen Ton treffen

Als Führungskraft einer Non-Profit-Organisation – Sie wissen es – dürfen Sie sich nicht hinter Ihrem Schreibtisch vergraben. Vielmehr ist es erforderlich, direkt im Gespräch mit den Menschen – also mit Ihren potentiellen Mitgliedern und Förderern – zu bleiben. Das heißt: Ihr rhetorisches Geschick ist gefordert.

Es würde den Umfang dieses Buches sprengen, an dieser Stelle ausführliche Tips zum Aufbau einer Rede oder Ansprache zu geben. Erlauben Sie dennoch ein paar Fragen:

Worin unterscheidet sich ein Vortrag von einer Rede?

_____

_____

Wie lang darf eine Ansprache sein?

_____

_____

Wie persönlich darf eine Laudatio ausfallen?

_____

_____

Wie formuliert man Begrüßungsansprachen und Schlußworte?

_____

_____

Inwieweit darf man Zitate und Anekdoten verwenden?

_____

_____

Hier eine kurze Übersicht:

Der Vortrag (das Referat) informiert die Zuhörer in sachlichem Ton über ein bestimmtes Thema. Er zeigt Hintergründe auf oder dient der Erläuterung von Positionen. Nur in Ausnahmefällen sollte er länger als 20 Minuten dauern.

Die Rede verhält sich zum Vortrag wie die Nachricht in Ihrer Tageszeitung zum Leitartikel. Die Rede enthält persönliche Überzeugungen und Ansichten des Vortragenden. Sie ist meist auch mit emotionalen Elementen angereichert und zeichnet sich durch eine geschickte Dramaturgie (Zitate, Anekdoten, Einsatz der Körpersprache usw.) aus. Dauer: zwischen 30 und 60 Minuten.

Die Laudatio ist eine besondere Variante der Festrede und gleichzeitig die anspruchsvollste Form des Vortrags überhaupt. Die Lobrede (denn nichts anderes heißt das Wort »Laudatio« auf deutsch) wird auf Preisträger, Jubilare oder auch auf Verstorbene gehalten. Im Vordergrund stehen deren Persönlichkeit und Leistungen, meist eingebettet in den gesellschaftlichen/politischen Kontext.

Die Ansprache dient der Information der Anwesenden. Zum Beispiel über den Redner des Abends, über den Ablauf der Veranstaltung, über das Thema usw. Entsprechend kurz fallen Ansprachen aus (fünf bis maximal zehn Minuten).

Die Begrüßung sollte sich ebenfalls auf einige wenige Minuten beschränken. Achten Sie auf eine passende Anrede. Sprechen Sie etwa vor einem Kreis Ihnen gut bekannter Mitglieder oder Förderer, so macht es keinen Sinn, die Gäste mit einem anonymen »Meine sehr geehrten Damen und Herren … « zu begrüßen. Besser: »Liebe Mitglieder und Förderer unseres Vereins …«

Das Schlußwort stellt meist eine undankbare Aufgabe dar. Die Aufmerksamkeit der Zuhörer ist kaum noch vorhanden, manche werden ungeduldig. Fassen Sie sich kurz. Und kündigen Sie es gleich an. Etwa so: »Ein bekannter englischer Autor meinte einmal, bereits der erste Satz entscheide über die Qualität einer Rede. Leider hinterließ er uns keine Tips für den ersten Satz eines Schlußwortes. Was sagt man einem Publikum, das schon seit fast zwei Stunden aufmerksam zuhört? Am besten dies: Ich möchte mich kurzfassen. Versprochen!«

Anekdoten und Zitate bereichern jede Rede. Wie gesagt: Anekdoten, keine Witze. Was die Auswahl von Zitaten angeht, so sollten Sie auf allzu bekannte, abgegriffene Bemerkungen oder Slogans verzichten. Der flotte Spruch eines Mineralölkonzerns («Es gibt viel zu tun, packen wir's an«) wurde zum Beispiel mittlerweile in so vielen Reden zitiert, das ihn nun wirklich keiner mehr hören kann.

1.5 Checkliste

● Wissen Sie eigentlich, welches Image Ihre Organisation in der Öffentlichkeit genießt?

● Fragen Sie Ihre Mitglieder und Förderer gezielt nach dem Ansehen Ihres Vereins oder Ihrer Stiftung?

● Stimmen Ist- und Soll-Image überein? Falls nicht: Konsequenzen ziehen!

● Ihre Organisation sollte sich durch ein einheitliches Erscheinungsbild auszeichnen (setzen Sie auf den Wiedererkennungseffekt).

● Steigern Sie den Nutzen Ihrer Vereinszeitung. Sie sollte nicht nur der Information, sondern überdies verstärkt der Spendenakquisition dienen.

● Mit überzeugenden Reden und Ansprachen verschaffen Sie Ihrer Organisation ein gutes Image.

Teil 2:

Presse- und Öffentlichkeitsarbeit

2.1 Das Verhältnis zu den Medien

Für gemeinnützige Organisationen gilt die gleiche Erkenntnis wie für Wirtschaftsbetriebe: Wer im Gespräch bleiben und Erfolg haben möchte, muß in den Medien präsent sein. Stetige Pressearbeit erscheint in einer Zeit, da die Leser und Zuschauer von der »klassischen« Werbung nachgerade überschüttet werden, von zunehmender Bedeutung.

Wenn wir Ihnen an dieser Stelle daher nachdrücklich empfehlen, Ihre Pressearbeit zu intensivieren und die Ziele Ihres Vereins oder Ihrer Stiftung immer wieder in der Öffentlichkeit darzustellen, dann läßt sich dem schwerlich widersprechen. Aber: Solche Empfehlungen lassen sich leicht geben. Sie zu verwirklichen, ist eine andere, ungleich schwierigere Aufgabe. Denn natürlich möchten sie alle über die Medien mit der Öffentlichkeit kommunizieren: die Unternehmen und die Parteien, die Verbände und die Vereine, die Bürgerinitiativen und die Kirchen. Haben Sie eine Vorstellung, wie viele Pressemitteilungen Tag für Tag auf dem Schreibtisch eines Tageszeitungsredakteurs landen …? Wenn Sie es wüßten, wären Sie vermutlich demotiviert. Es ist nämlich eine wahre Flut. Und wie das Leben eben so spielt: Nur die Besten kommen durch. Eine dilettantisch aufgemachte, uninteressante und schlecht geschriebene Pressemitteilung hat nur eine Chance – innerhalb weniger Sekunden im nächsten Papierkorb der Redaktion zu landen.

Wenn Sie sich über eine Optimierung Ihrer Pressearbeit Gedanken machen, sollten Sie zunächst mit einer kritischen Bilanz beginnen. Die folgenden Fragen helfen Ihnen dabei:

1. Wer ist für die Pressearbeit Ihrer Organisation verantwortlich? Verfügt er/sie über die nötige Zeit, um diese wichtige Aufgabe erfolgreich zu meistern?

_____

_____

2. Mit welchen Medien steht Ihre Organisation in ständigem Kontakt?

Tageszeitungen:

_____

_____

_____

Fachzeitschriften:

_____

_____

_____

Publikumszeitschriften:

_____

_____

_____

Rundfunksender (regional/überregional):

_____

_____

_____

Fernsehen (regional/überregional):

_____

_____

_____

3. Wie häufig war Ihre Organisation in den vergangenen zwölf Monaten in den Medien vertreten? Mit welchen Themen?

_____

_____

_____

_____

4. Welche Themen fallen Ihnen spontan ein, die Sie nach Möglichkeit über die Presse verbreiten möchten?

_____

_____

_____

_____

5. Welche Erfahrungen haben Sie bisher mit Journalisten gemacht? Kennen Sie einige persönlich? Halten Sie ständigen Kontakt mit Ihnen?

_____

_____

_____

6. Halten Sie Ihre Mitglieder/Förderer über die Ergebnisse Ihrer Pressearbeit auf dem laufenden (zum Beispiel durch die Herausgabe eines Pressespiegels o. ä.)?

_____

_____

_____

2.2 Zum Umgang mit der Presse

Das berufliche Verhältnis von Redakteuren zu Vereinen ist mitunter etwas zwiespältig. Auf der einen Seite ist natürlich bekannt, daß sich die meisten Bürger in Vereinen engagieren und diese dadurch eine wichtige gesellschaftliche Aufgabe erfüllen, zumal, wenn es sich um Organisationen handelt, die dem Gemeinnutz verpflichtet sind. Auf der anderen Seite geraten die zahllosen Berichte über Jahreshauptversammlungen und Ehrungen für manchen Redakteur recht bald zu einer eher lästigen Routinearbeit, die er nicht gerade euphorisch verrichtet.

Doch das sollte Sie nicht weiter bekümmern: Die Zeiten, da die Vereine in den Spalten der Lokalpresse ein recht kümmerliches Dasein fristeten, gehören angesichts der in starkem Maße auf lokalem Sektor spürbaren Konkurrenz durch die neuen, elektronischen Medien endgültig der Vergangenheit an. In den Redaktionen gilt längst wieder die Devise, mit den Vereinen, die das treueste Leserpotential stellen, »pfleglich« umzugehen. Und dazu gehört natürlich eine ansprechende Präsentation der Vereinsberichte. Da reicht es eben nicht mehr aus, den Text des Schriftführers irgendwann und irgendwo auf der Zeitungsseite zu »verstecken«.

Was bedeutet dies für Sie als Vereinsmanager?

Beschränken Sie Ihre Pressearbeit nicht nur auf die Pflichtübungen (Generalversammlungen, Vorstandswahlen, Ehrungen usw.) Berichten Sie vielmehr kontinuierlich über alle interessanten Themen – von der erfolgreichen Konzertreise bis hin zu den Plänen für ein neues Vereinsheim. Überregional tätige gemeinnützige Organisationen sollten sich nicht scheuen, auch zu kontroversen gesellschaftspolitischen Themen pointiert Stellung zu beziehen, sofern diese ihren Tätigkeitsbereich tangieren. Der Erfolg einer internationalen Organisation wie »Greenpeace« beruht letztlich auf der Strategie, durch PR-trächtige Aktionen engagiert ökologische Sündenfälle anzuprangern und damit selbstverständlich nicht zuletzt Werbung in eigener Sache zu machen. Kleinen und mittleren Organisationen fehlt für solch spektakuläre Aktionen die nötige Infrastruktur. Dieses sehr prominente Beispiel zeigt aber: Wer etwas zu sagen hat und es sich zu sagen traut, macht auch Schlagzeilen!

Hierzu zwei Beispiele:

● Angenommen, die Damen und Herren Finanzminister kämen auf die Idee, die steuerlichen Vergünstigungen beim Kauf einer denkmalgeschützten Immobilie drastisch zu kürzen oder gar zu streichen. Sich in dieser Situation mit einer pointierten Presseerklärung »einzumischen«, wäre die Pflicht einer

Organisation, die sich den Schutz von Baudenkmälern auf die Fahnen geschrieben hat.

● Unterstellt, Politiker diskutierten über eine Einschränkung der steuerlichen
Absetzbarkeit von Sponsoring-Aufwendungen. Reaktion: Der Sportverein
einer Stadt oder Gemeinde setzt sich mit der entsprechenden Lokalredaktion
(oder dem regionalen Rundfunksender) in Kontakt und stellt leicht
nachvollziehbar dar, welche konkreten Auswirkungen es haben würde, stellte
der Hauptsponsor des Vereins seine Unterstützung aufgrund geänderter
steuerlicher Rahmenbedingungen ein.

Kommen wir wieder auf den Umgang mit der Presse zurück. Es gibt Sport- und
Musikvereine, Wander- und Naturschutzvereine, Hilfsorganisationen und
Landsmannschaften, Parteien und Gewerkschaften, Berufs- und Interessen-
verbände. Alle wollen in die Zeitung – mit welcher Mitteilung auch immer.
Somit wird offenkundig, daß die Redaktionen im Sinne der Gleichbehandlung
gewisse Richtlinien setzen müssen und bei aller Sympathie keine Präzedenzfälle
schaffen dürfen. Wenn also Ihre Pressemitteilung nur erheblich gekürzt erscheint oder Ihnen die Redaktion für ein Thema, das Ihnen mindestens 200
Druckzeilen wert ist, nur 30 Zeilen zubilligt, so mißverstehen Sie dies bitte nicht
als Arroganz oder Desinteresse der Redakteure, sondern denken Sie stets daran:
Sie sind nicht der einzige, der mit seiner Mitteilung in die Presse will. Und
außerdem – weniger ist bekanntlich manchmal mehr, gerade in einer
schnellebigen Zeit, in der es vorrangig auf rasche Informationsvermittlung
ankommt.

2.3 Beispiele aus dem Vereinsleben

Die nun folgenden Beispiele wurden nach dem Zufallsprinzip ausgewählt. Es handelt sich um Pressemitteilungen, die in dieser Form bei Tageszeitungen eingegangen sind. Sie spiegeln Fehler wider, die fast in jedem Vereinsbericht enthalten sind. Beginnen wir mit einer Jahreshauptversammlung.

Beispiel 1:

Für die in der Gaststätte »Zum Schwanen« erschienenen Mitglieder begann die Versammlung mit der Entgegennahme des Geschäftsberichtes für das Jahr 1994 durch den Ersten Vorsitzenden, Professor K. Er rief in seinem Bericht nochmals eine Reihe von sportlichen und gesellschaftlichen Veranstaltungen in Erinnerung, die anläßlich des zehnjährigen Bestehens ausgerichtet wurden, und die auch über den Verein hinaus Anerkennung fanden. In seinem Ausblick auf das laufende Geschäftsjahr betonte der Erste Vorsitzende, daß die bisherigen Zielsetzungen des Vereins fortgeführt würden. Dies gilt insbesondere für die Förderung der Jugend, die neben den Reitstunden auch durch Lehrgänge intensiv an den Reitsport herangeführt werden soll.

Der Schriftführer hat eine wesentliche Information vergessen, nämlich den Namen des Vereins. »Aber der steht doch im Briefkopf«, wird der Betreffende vielleicht einwenden. Zugegeben, doch Briefköpfe erscheinen nun mal nicht in der Zeitung. Also auch an Selbstverständlichkeiten denken. Sind die Namen vollständig (mit Vornamen), stimmen die Zahlen und Termine?
Was hätten Sie an der auszugsweise wiedergegebenen Pressemitteilung darüber hinaus auszusetzen?

Ihre Kritik: _____

_____

_____

_____

Unsere Kritik: Beachten Sie bitte den Anfang der Meldung. »Für die in der Gaststätte ›Zum Schwanen‹ erschienenen Mitglieder begann die Versammlung ...« Langweiliger geht's nicht mehr.
    Im zweiten Satz geht der Verfasser dann auf Veranstaltungen des vergangenen Jahres ein. Solche Bemerkungen gehören in die Vereinschronik, jedoch nicht in

einen aktuellen Presseartikel. Derlei kann allenfalls am Ende des Textes erwähnt werden. Erst im zweiten Absatz deutet der Autor an, welche Ziele der Verein im neuen Jahr anstrebt. Und genau dies ist die eigentliche Nachricht des gesamten Beitrags: Der Verein möchte die Jugend verstärkt für den Reitsport interessieren, wozu man die Einführung von besonderen Lehrgängen plant.

Doch kaum ist der Leser neugierig geworden (darunter auch die Zielgruppe, nämlich die Jugendlichen), springt der Pressewart zu einem anderen Punkt, vermutlich in der an sich löblichen Absicht, den Beitrag so kurz wie möglich zu halten. Hätte er sich in seiner Einleitung kürzer gefaßt, wäre mehr Raum für die Darstellung der geplanten Initiativen für die Jugend geblieben. So aber muß der Redakteur von den vorhandenen, äußerst spärlichen Informationen ausgehen, denn Zeit für langwierige Rückfragen bleibt in der täglichen Redaktionsarbeit selten.

Doch nun Schluß mit der Beckmesserei! Wie hätten Sie diese Pressemitteilung verfaßt?

Ihr Vorschlag:

_____

_____

_____

_____

_____

_____

_____

_____

_____

_____

_____

_____

Und nun unser Vorschlag:

> Der Reiterverein ... (Name) möchte in den nächsten Monaten verstärkt die Jugend fördern und neben Reitstunden auch Lehrgänge für den Nachwuchs anbieten. Dieses vorrangige Ziel seines Vereins stellte jetzt in der Jahreshauptversammlung der Erste Vorsitzende, Professor K., in den Mittelpunkt seines Ausblicks auf die Aktivitäten dieses Jahres. Mit diesem Angebot könne die Jugend an den Reitsport herangeführt werden, meinte K., der bei den anschließenden Vorstandswahlen in seinem Amt bestätigt wurde. Daneben befaßten sich die Mitglieder ausführlich mit dem Vereinsturnier am 7. und 8. September in ... Zuvor hatte K. den Mitgliedern eine Bilanz des zurückliegenden Jahres vorgelegt, die noch einmal auf die Reihe von sportlichen und gesellschaftlichen Ereignissen anläßlich des zehnjährigen Vereinsbestehens einging. Daß dieser Jahresbericht die ungeteilte Zustimmung der Mitglieder fand, bewies nicht zuletzt die anschließende einstimmige Entlastung des Vorstands.

Solchermaßen aufbereitet, würde aus einer schlichten Vereinsmitteilung eine interessante Nachricht für alle jungen Freunde des Reitsports. Selbstverständlich erwartet niemand, daß Ihre Texte wie die Meldung einer Nachrichtenagentur abgefaßt sind. Jedoch sollte es zum Beispiel dem Redakteur bzw. der Redakteurin keine Probleme bereiten, eine aufmerksamkeitserregende Überschrift für Ihre Pressemitteilung zu finden. Und das gelingt nur, wenn die Meldung eine wie auch immer geartete Neuigkeit enthält.

Beispiel 2:

Nun gibt es im Vereinsleben ohne Frage auch Jahreshauptversammlungen, die sich lediglich in Routine erschöpfen, also keine »handfeste«Nachricht hergeben. Nehmen wir das folgende Beispiel (»O-Ton«):

> Der Erste Vorsitzende, Jakob H., begrüßte alle Anwesenden, besonders unseren neuen Chorleiter, Herrn Richard H., und einen Vertreter des Männer-Quartetts 1879. Danach gedachten die Anwesenden unserer vier verstorbenen Mitglieder. Anschließend verlas der Erste Vorsitzende die zehn Punkte umfassende Tagesordnung. Einsprüche wurden nicht erhoben. Dann verlas der Erste Vorsitzende den Jahres- und Geschäftsbericht und bedankte sich bei allen Sängern ...

Ihre Kritik: _____

Unsere Kritik: Diese Pressemitteilung wurde wie ein schlechtes Vereinsprotokoll geschrieben. Außerdem taucht gleich im ersten Satz ein »Herr« auf. («Herr« und »Frau« sind in Pressetexten tabu. Nennen Sie stattdessen die Vornamen.) Sie sehen ferner, daß sich manche Fehler wiederholen. Auch der Autor dieses Beitrags vergaß, den Namen des Vereins zu nennen. Dafür teilt er im ersten Satz mit, daß der Vorsitzende die Anwesenden begrüßt habe. Wen sonst? Haben Sie schon einmal eine Jahreshauptversammlung ohne Begrüßung erlebt ...? Und daß der Vorsitzende keinen anderen als die Anwesenden begrüßen kann, ist ebenfalls klar. Warum mit Banalitäten beginnen? Weil, so ist zu vermuten, die Jahreshauptversammlung nichts Neues brachte.

Unser Tips: Es gibt zahlreiche Möglichkeiten, einen »Einstieg« zu wählen, der die Leser stärker animiert als die zitierten Allgemeinplätze. Wenn nichts los war, dann geben Sie es doch ganz einfach zu: »Kein Jubiläum, keine Vorstandswahlen und keine Ehrungen. Der XY-Verein konnte sich während seiner jüngsten Jahreshauptversammlung ganz und gar auf seine künftigen Pläne konzentrieren. Dazu zählen ...«.

Oder Sie suchen sich einen »Aufhänger« in der Vergangenheit: »Strahlende Gesichter sah die Leiterin der städtischen Kindertagesstätte, als ihre Schützlinge nagelneue Spielsachen auspackten. Ermöglicht hatte diese nachweihnachtliche Bescherung der XY-Verein mit seiner Tombola in der Adventszeit. Diese Aktion habe über 5000 Mark und damit mehr als erwartet eingebracht, meinte der Vorsitzende des Vereins, Hermann F., nun in der Generalversammlung. Auch ansonsten sei das zurückliegende Jahr recht erfreulich gewesen.« (Es folgt der obligatorische Rückblick.)

Eine weitere Möglichkeit: Sie stellen eine Persönlichkeit in den Vordergrund. Das könnte sich etwa folgendermaßen lesen: »Als unsere Gemeinde vor 75 Jahren ihr 800jähriges Bestehen feierte, trat Ewald H. – heute 92 – dem Y-Verein bei. Jetzt gab es zwar kein 800jähriges Jubiläum zu feiern, wohl aber die

---

seit einem dreiviertel Jahrhundert während Treue von Ewald H. zu seinem Verein. Die jüngste Generalversammlung gab Anlaß, dieses Ereignis gebührend zu würdigen ...«

Beispiel 3:

Regen Besuch fand die diesjährige Jahreshauptversammlung der Schützengesellschaft 1862 im Restaurant »Schützenhaus«. Oberschützenmeister Hans P. stellte in seinem Geschäftsbericht eine steigende Mitgliederzahl fest, lobte die Aktivitäten im geselligen Bereich sowie den enormen Aufschwung in den Disziplinen »laufende Scheibe«, »Pfeil und Bogen« und »Vorderladerschießen«. Daß auch die Finanzen stimmen, ging aus dem Bericht des Schatzmeisters hervor. Für die kommenden Jahre fallen erhebliche Aufwendungen zur Unterhaltung und Verbesserung der Schalldämpfung an. In den Vereinsvorstand wiedergewählt wurde der Zweite Vorsitzende, Michael S., sowie Schatzmeisterin Sabine K. ...

Ihre Kritik: _____

_____

_____

_____

_____

Unsere Kritik: Die Verbesserung der Schalldämpfung wäre ein Punkt gewesen, der zumindest die Nachbarn interessiert hätte. Im Zweifelsfall hätte man auch die erfreuliche Mitgliederentwicklung in den Vordergrund stellen können. Statt dessen erfolgt wiederum der Hinweis auf das Tagungsrestaurant und die Versicherung regen Besuchs. Nebenbei bemerkt: Auch das Wort »diesjährig« ist überflüssig. Sie werden wohl kaum über eine letztjährige Versammlung schreiben ...

2.4 Beispiel aus dem Bereich Stiftungswesen

Zum Schluß dieses Kapitels noch ein gelungenes Beispiel für eine offensive Pressearbeit. Herausgegeben wurde der nachfolgende Artikel von einer gemeinnützigen Stiftung, die im Zeitalter der »Erbengeneration« auf die Möglichkeit hinweisen wollte, treuhänderische Stiftungen zu errichten. In diesem Fall ging die Initiative also von einer gemeinnützigen Organisation aus, die ihre interessante Meldung an die Wirtschaftsredaktionen der großen Tageszeitungen und Kapitalanlegerzeitschriften schickte.

Zukunft stiften und Steuern sparen

Wer nach den Motiven fragt, erhält die unterschiedlichsten Antworten. Das Spektrum reicht von dem Unternehmer, der sich dem Kulturraum seiner Heimat verpflichtet fühlt, bis hin zu dem Ehepaar, das seinen ganz persönlichen Beitrag zum »Aufbau Ost« leisten möchte. Einig sind sich freilich alle in dem Ziel, Denkmäler vor dem drohenden Verfall zu schützen und dauerhaft zu sichern. Ihr gemeinsamer Weg: die Gründung einer treuhänderischen Stiftung. Neben der Gewißheit, Kulturdenkmäler gerettet und sich selbst gleichsam ein Denkmal im Denkmal gesetzt zu haben, bieten sich dem Stifter interessante Steuervorteile.

Soviel ist unbestritten: Die Zahl der bedrohten Kulturdenkmäler in Deutschland erscheint beachtlich, die Herausforderung gerade in den östlichen Bundesländern auf diesem Gebiet außerordentlich. Dieser Erkenntnis jedoch steht die Tatsache der knappen öffentlichen Mittel gegenüber. Der Staat allein wäre in der Rolle des Retters überfordert.

Die XY-Stiftung, vor zehn Jahren von 23 führenden Repräsentanten der deutschen Wirtschaft gegründet, setzte daher frühzeitig auf privates Engagement. Und das kann sich zum Beispiel im Bereich der treuhänderischen Stiftungen entfalten. Diese Möglichkeit der Rettung und des Erhalts bedrohter Kulturdenkmäler richtet sich an Bürger, die bereit sind, sich als Stifter dauerhaft von einem Teil ihres Vermögens zu trennen. Die Erträge aus diesem Kapital kommen dem langfristigen Erhalt eines Kulturdenkmals zugute.

Dem Einwand, die Gründung einer Stiftung sei mit oftmals langwierigen und bürokratischen Genehmigungsverfahren verbunden, begegnet die XY-Stiftung mit dem Hinweis auf eben die Gründung einer treuhänderischen, nichtselbständigen Stiftung. Diese wird unter dem Dach einer rechtsfähigen Stiftung – im konkreten Fall der XY-Stiftung – errichtet, von dieser im Interesse des Stifters verwaltet und bedarf somit keiner staatlichen Genehmigung. Dennoch kann sie ebenso wirkungsvoll arbeiten wie eine rechtsfähige Stiftung.

Bei der Auswahl eines geeigneten Denkmals, das den Neigungen und den Vermögensverhältnissen des Stifters entspricht, berät die XY-Stiftung. Die Vielfalt ist groß, gerade in den östlichen Bundesländern. Häufig sind nämlich zunächst private Mittel aufzubringen, damit auf öffentliche Zuwendungen gehofft werden darf.

Eine treuhänderische Stiftung kann übrigens den Namen des Stifters tragen, und ihr Anfangskapital läßt sich schrittweise erhöhen (Aufbaustiftung).

Die XY-Stiftung setzt bei ihren weiteren Aktivitäten im Bereich der treuhänderischen Stiftungen nicht zuletzt auf den gegenwärtigen und künftigen Vermögenstransfer. Die Zahlen sprechen für sich: In den letzten 20 Jahren stieg das private Vermögen auf das Sechsfache. Es macht heute die stolze Summe von rund elf Billionen Mark aus. Jahr für Jahr werden in Deutschland rund 200 Milliarden Mark an Sach- und Geldvermögen vererbt.

»Auch eine treuhänderische Stiftung kann Testamentserbe sein«, betont Hermann D., Vorstandsvorsitzender der XY-Stiftung. In der Tat: Bereits zu Lebzeiten kann eine Stiftung errichtet werden und als Testamentserbe nach dem Ableben des Stifters ihr endgültiges Stiftungskapital erhalten. Oder aber die Stiftung entsteht erst »von Todes wegen«.

Bemerkenswert nehmen sich zudem die steuerlichen Erleichterungen aus. Denn Stiftungen für den Denkmalschutz gelten als kulturell besonders förderungswürdig und können mit einem erhöhten Satz von zehn Prozent der Einkünfte von der Einkommen-steuer abgesetzt werden. Der Stifter kann ab einem Stiftungsbetrag von 50.000 Mark bis zu acht Jahre seine Steuerlast mindern, davon sogar zwei Jahre rückwirkend. Darüber hinaus bleiben Stiftungen mit dem Zweck Denkmalschutz von der Erbschafts- und Schenkungssteuer befreit.

Das Stiftungsvermögen unterliegt ferner nicht der Körperschafts- und Vermögenssteuer. Die Erträge stehen deshalb ganz für den Stiftungszweck zur Verfügung.

Hinweis an die Redaktionen:
Bei Rückfragen wenden Sie sich bitte an ...., Telefon: ....

2.5 Checkliste

- Bringen Sie Ihren Presseverteiler regelmäßig auf den neuesten Stand. Pflegen Sie mit den wichtigsten Medienvertretern – zum Beispiel der Lokalpresse – hin und wieder persönlichen Kontakt.

- Stehen Sie bereits mit den neuen Medien (insbesondere mit lokalen bzw. regionalen TV- und Radiosendern) in Kontakt?

- Legen Sie Wert auf eine kontinuierliche Pressearbeit. Die jährliche Generalversammlung reicht nicht aus.

- Suchen Sie Themen in Ihrem Bereich, die sich für eine Reportage oder einen interessanten Hintergrundbericht eignen könnten. Bleiben Sie im Gespräch.

- Informieren Sie die Presse vor Veranstaltungen rechtzeitig. Bringen Sie sich wenige Tage vor dem Ereignis nochmals telefonisch in Erinnerung.

- Suchen Sie – falls Sie einen Bericht über die Jahreshauptversammlung Ihres Vereins schreiben müssen – einen Einstieg, der nicht nur für die Mitglieder, sondern auch für die breite Leserschaft von Interesse sein könnte.

- Begrüßung, Nennung des Tagungsortes und ähnliches gehören nicht an den Anfang eines solchen Berichts.

- Vergessen Sie im Eifer des Gefechts nicht, den Namen Ihres Vereins im Text zu nennen. Ein entsprechender Briefkopf reicht nicht aus.

- Der Bericht über die Jahreshauptversammlung in einer Zeitung unterscheidet sich sehr wesentlich von einem Sitzungsprotokoll. Denken Sie an den breiten Leserkreis.

- Verzweifeln Sie nicht, wenn Ihr Bericht ein paar Tage auf sich warten läßt. Halten Sie sich die Vielzahl von Vereinen vor Augen, die alle »in die Zeitung« wollen.

3.1 Das Geschäft auf Gegenseitigkeit

Was kann einen Verein mehr beglücken als die beruhigende Gewißheit, einen finanzkräftigen Sponsor im Rücken zu haben ...? Durchaus verständlich also, daß die in Frage kommenden Unternehmen von entsprechenden Anfragen bisweilen regelrecht überschüttet werden. Und wie immer, wenn große Nachfrage bei begrenztem Angebot besteht, gehen viele leer aus. Dennoch: Allein in der Bundesrepublik Deutschland hat sich zwischen 1985 und 1995 das Gesamtvolumen des Sponsorings nahezu verfünffacht! Die Tendenz zeigt nach wie vor deutlich nach oben.

Der Erfolg kommt nicht von ungefähr. Vielmehr stellt Sponsoring eigentlich eine geradezu geniale Lösung dar: Der Verein, die Organisation, der Künstler oder Sportler erhält eine Zuwendung, ohne die eine Verwirklichung des geplanten Projekts häufig gar nicht möglich wäre. Der Sponsor wiederum tut nicht nur Gutes, sondern er erinnert sich an die alte PR-Devise und spricht auch darüber. Oder, ins Marketing-Deutsch übersetzt: Er integriert Sponsoring in seine Kommunikationsstrategie. Das Prinzip lautet: Leistung gegen Gegenleistung.

3.1.1 Definitionen

Bevor wir uns nun der spannenden Frage nähern, wie Sie mit einiger Aussicht auf Erfolg nach einem Sponsor suchen sollten, muß zunächst Klarheit über die Begriffe bestehen. Mitunter ist das Argument zu hören, Sponsoren seien eigentlich nur moderne Mäzene. Was sagen Sie dazu?

Ich stimme dem zu, weil _____

_____

_____

_____

Ich stimme dem nicht zu, weil _____

_____

_____

_____

Falls Sie dem Argument widersprochen haben, verfügen Sie bereits über eine realistische Vorstellung vom Sinn und Zweck des Sponsorings.

Der Mäzen unterstützt einen Künstler oder Sportler aus ganz persönlichen, uneigennützigen Gründen. Er bleibt meist anonym und erwartet keine Gegenleistung. Die Zahl der Mäzene mag kleiner geworden sein, dennoch gibt es sie auch heute.

Der Sponsor hingegen erhofft sich werbende Effekte für sein Produkt oder seine Dienstleistung. Dahinter steht ein ausgeklügeltes Marketingkonzept.

Wenn Sie der obengenannten Definition, Sponsoren seien moderne Mäzene, zugestimmt haben, so liegen Sie trotzdem nicht voll daneben. Denn in der Tat gibt es auch Mischformen. Zum Beispiel den *mäzenatischen Sponsor*. Er möchte zwar, daß sein Engagement für den Sport, die Kultur oder die Umwelt publik und sein Image aufpoliert wird, ein detailliertes Konzept steckt indessen nicht dahinter. Kommunikationseffekte entstehen somit eher beiläufig.

3.2 Was der Sponsor erwartet

Je mehr Sie über die Motive eines Sponsors wissen, desto erfolgreicher wird Ihre Suche sein. Ihre Interessen als Vorsitzender oder Manager einer gemeinnützigen Organisation sind klar: Sie suchen ein Unternehmen, das bestimmte Projekte entweder mit Geld- oder Sachzuwendungen oder auch durch kostenlose Dienstleistungen unterstützt. Genau dies nämlich sind die drei Möglichkeiten des Sponsorings:

● Geldzuwendungen

● Sachzuwendungen

● Dienstleistungen

In der Praxis wird es häufig zu einem Sponsoring-Mix kommen. Das kann dann zum Beispiel so aussehen: Eine Druckerei sponsert Ihren Sportverein mit einem Geldbetrag und druckt gleichzeitig kostenlos Ihre Plakate.

Was erwartet aber der Sponsor? Welche Hoffnungen und Wünsche verknüpft er mit seinem Engagement? Im wesentlichen dreierlei:

● Er möchte sein Image polieren.

● Er möchte mit seiner Zielgruppe kommunizieren.

● Er möchte seinen Bekanntheitsgrad steigern.

Dafür gibt es gute Gründe. Versetzen Sie sich doch einmal in die Lage eines ansonsten mit spitzem Stift kalkulierenden Unternehmers. Warum sollte er sein Geld ausgerechnet für Sponsoring und nicht etwa für Anzeigenwerbung ausgeben?

Welche Gründe fallen Ihnen ein? _____

_____

_____

_____

_____

_____

Der eigentliche Grund für Sponsoring liegt darin, daß die meisten Unternehmen vor der Herausforderung stehen, neue, innovative Kommunikationsstrategien entwickeln zu müssen. Klar, wer heute als erster ein neues Produkt oder eine neue Dienstleistung auf den Markt bringt, muß sich zunächst einmal der »klassischen« Anzeigenwerbung bedienen. Einfach ausgedrückt, er muß zeigen, was er zu bieten hat. Später, wenn ähnliche Produkte dem Pionier von einst Konkurrenz machen, geht es vornehmlich um Markenprofilierung. In dieser Phase gewinnen zunehmend PR- und Verkaufsförderungsaktionen an Bedeutung. Zahlreiche Produkte sind jedoch längst über dieses Stadium hinausgewachsen. Sie müssen sich auf einem Markt behaupten, auf dem die Produkte und Dienstleistungen einander immer ähnlicher werden.

Das bedeutet konkret: Die Kunden von morgen dürften ihre Kaufentscheidung in hohem Maße vom Image eines Anbieters abhängig machen. Der Verkäufer avanciert zum Partner – eine Beziehung, die der langfristigen Pflege bedarf. In dieser Situation gewinnt die Erlebniskommunikation an Bedeutung. Und dazu gehört – neben dem Event-Marketing – vor allem Sponsoring. Wer eine gemeinnützige Organisation oder auch nur »eine gute Tat« sponsert, dokumentiert seine Bereitschaft, gesellschaftliche Verantwortung zu übernehmen. Er kommuniziert mit seiner Zielgruppe fortan auf emotionaler Ebene.

Weshalb wir Ihnen die Motivation potentieller Sponsoren an dieser Stelle so ausführlich beschreiben? Deshalb: Als Sponsor-Sucher sind Sie kein Bittsteller. Sie bieten dem Unternehmen eine interessante Plattform zur Selbstdarstellung. Für den Sponsor stehen zunächst harte Marketingüberlegungen im Mittelpunkt, dann erst folgt das Fördermotiv. Also keine falsche Bescheidenheit!

3.2.1 Was haben Sie zu bieten?

Ziehen Sie aus dieser Erkenntnis Konsequenzen: In Ihrem Sponsoringkonzept sollten Sie nicht nur die Vorhaben oder Projekte Ihres Vereins ausführlich beschreiben, sondern vor allem den Nutzen, den ein Unternehmen daraus ziehen kann.

♦ *Versetzen Sie sich immer in die Situation Ihres potentiellen Sponsors. Warum ist Ihr Konzept erfolgversprechender als andere? Welche Vorteile könnte es für ein Unternehmen haben, sollte es sich dafür entscheiden, Ihr Projekt zu sponsern? Die Antworten auf diese Fragen müssen aus Ihrem Sponsoringkonzept klar hervorgehen.*

Aussage	stimmt	stimmt nicht	unent- schieden
völlig neue Idee	_____	_____	_____
bewährte Idee	_____	_____	_____
Zielgruppe interessant	_____	_____	_____
starke PR-Effekte	_____	_____	_____
günstiges Kosten-Nutzen-Verhältnis	_____	_____	_____
Thema allgemein akzeptiert	_____	_____	_____
Thema paßt zum Produkt	_____	_____	_____
Thema paßt zum Unternehmen	_____	_____	_____
Sekundäreffekte möglich	_____	_____	_____

Hinweis zum letzten Punkt: Sekundäreffekte entstehen etwa, wenn sich der Sponsor gleichzeitig Experten-Know-how sichert. Ein Beispiel: Angenommen, ein Unternehmen stellt Sportartikel her oder vertreibt diese. Durch die kostenlose Ausstattung (= Sachsponsoring) des örtlichen Fußballvereins mit Sportbekleidung kauft sich der Sponsor gleich entsprechende Praxiserfahrung ein. Die Aktiven des Vereins nämlich müssen in gewissen Abständen über die Vor- und Nachteile der von ihnen getragenen Kleidung berichten.

3.3 Worauf der Sponsor achtet, und was das für Sie bedeutet

Was gibt's Neues?

Unternehmen verzahnen Sponsoring eng mit den übrigen Kommunikationsmitteln, wozu zum einen die Werbung, zum anderen aber vor allem der Bereich Presse- und Öffentlichkeitsarbeit gehört. Projekte, die eine breite Resonanz in den Medien versprechen, haben deshalb ungleich größere Chancen als »alte Hüte«.

♦ *Ihre Strategie: Immer den Öffentlichkeitsaspekt in den Vordergrund stellen. Projekte für die Medien interessant machen (zum Beispiel durch die Beteiligung Prominenter, durch eine spektakuläre Aktion in Ihrer Stadt o. ä.).*

Wie steht's mit der Zielgruppe?

Ein großer deutscher Automobilkonzern sorgte sich um sein Image. Es mutete reichlich konservativ, wenn nicht gar etwas angestaubt an. Die Aufgabe lautete deshalb, jüngere Zielgruppen anzusprechen. Der Weg: Der Konzern sponserte mit mehrstelligen Millionenbeträgen Rockkonzerte der Gruppen Genesis, Pink Floyd und Rolling Stones. Die Rechnung ging auf. Plötzlich wurden auch jüngere Leute wieder unmittelbar mit dem Namen des Herstellers konfrontiert, und zwar in einem attraktiven Umfeld.

Die Frage, auf welche Gruppen Sponsoringaktivitäten wirken, ist für ein Unternehmen von größter Bedeutung. Dabei kann es entweder darum gehen, den Kontakt zu einer angestammten Zielgruppe zu festigen, oder aber den Namen des Unternehmens oder Produkts bei einer neuen Zielgruppe zu profilieren.

♦ *Ihre Strategie: Beschreiben Sie in Ihrem Konzept möglichst genau, wen Sie mit Ihrer Aktion ansprechen. Sie wissen am besten, wer Ihre Sportveranstaltungen, Musikabende oder Ausstellungen besucht. Für ein mittelständisches Unternehmen kann der Hinweis, daß Sie vielleicht auf regionaler Ebene ein Turnier in einer der neuen Trendsportarten planen (zum Beispiel American Football oder Basketball), von großem Interesse sein, da es künftig verstärkt mit einer jüngeren Zielgruppe kommunizieren möchte.*

Wie war die Resonanz?

Ein Unternehmen wird eine Sponsoringidee auch danach beurteilen, welche Erfahrungen bereits mit ähnlichen Aktionen gemacht wurden. Wie viele Besucher wurden bei solchen Veranstaltungen registriert? Welche Altersgruppen und welche sozialen Schichten dominierten? Wie war das Medieninteresse? Blieb die Resonanz regional begrenzt oder strahlte das Ereignis weiter aus? Wurde Kritik geäußert? Falls ja, welche Konsequenzen wurden daraus gezogen? Das alles interessiert einen potentiellen Sponsor.

♦ *Ihre Strategie: Beantworten Sie auch diese Fragen wieder vorab. Wenn Sie bereits in der Vergangenheit ähnliche Aktionen veranstaltet haben (selbst wenn es sich um eine andere Thematik handelte), so legen Sie Ihrem Sponsoring-konzept am besten eine Zusammenstellung aller erschienenen Zeitungsbeiträge, Zuschriften und sonstigen Reaktionen bei. Falls Sie noch über keine eigenen Erfahrungen verfügen, stellen Sie Presseartikel zusammen, die über andere Vereine mit vergleichbaren Aktionen berichten. Es geht schließlich nur darum, besonders anschaulich zu dokumentieren, auf welches Medienecho Ihre Aktion stoßen und welchen PR-Effekt ein potentieller Sponsor daraus ziehen könnte.*

Wer kümmert sich um die Pressearbeit?

Es ist sicher verständlich, wenn ein Sponsor die Pressearbeit über seine Fördereraktivitäten entweder in eigener Regie übernehmen oder sich zumindest ein Mitspracherecht sichern möchte. Die Erfahrung zeigt indessen, daß gemeinnützige Organisationen in den Redaktionen häufig auf mehr Wohlwollen stoßen als Unternehmen, denen sofort kommerzielle Interessen unterstellt werden.

♦ *Ihre Strategie: Bieten Sie Ihrem Sponsor an, die Pressearbeit über Ihren Verein oder Ihre Stiftung zu organisieren. Verweisen Sie auf den leichteren Zugang zu den Medien. Die einzelnen Aktionen planen Sie dann gemeinsam.*

Besteht direkter Kontakt zur Zielgruppe?

Gerade bei lokalem Sponsoring erscheint es dem Förderer häufig wichtig, unmittelbar mit der Zielgruppe in Kontakt zu treten. Dieser Dialog kann auf unterschiedliche Weise zustandekommen. Die einfachste Möglichkeit besteht darin, bei kleineren Veranstaltungen Werbematerialien des Sponsors auszulegen, mit denen für bestimmte Produkte oder Dienstleistungen geworben wird.

♦ *Ihre Strategie: Sofern Ihr Projekt einen solchen, vertiefenden Kontakt zwischen Sponsor und Zielgruppe zuläßt, weisen Sie in Ihrem Sponsoringkonzept ausdrücklich darauf hin.*

Stimmt die Kosten-Nutzen-Relation?

Zu den schwierigsten Aufgaben bei der Prüfung eines Sponsoringkonzepts gehört die Frage, inwieweit die zu erwartenden Kosten wirklich angemessen sind. Auf dem Sponsoringmarkt herrscht weitgehend das freie Spiel der Kräfte; es gibt weder allgemein akzeptierte Rahmenvereinbarungen noch Richtlinien, die als Orientierungshilfen dienen könnten. Großsponsoren kalkulieren bisweilen auf der Grundlage von Anzeigenpreisen. Unterstellt, eine Anzeigenseite in einem Magazin kostet 10.000 DM, die verkaufte Auflage liegt bei 20.000 Exemplaren. Pro Leserkontakt ergäbe sich bei dieser vereinfacht dargestellten Rechnung ein Preis von 0,50 DM. Da man in der Werbung jedoch in größeren Dimensionen denkt, ermittelt man den »Tausender-Kontakt-Preis«. Er liegt in unserem Beispiel bei 500 DM (0,50 x 1000 Kontakte).

Nun sollten Sie allerdings berücksichtigen, daß die Aufnahme von Kontakten zu möglichen Kunden eben meist nur *ein* Sponsoringziel darstellt (ein zweiter Aspekt ist die Imagepflege). Überdies ergeben sich eine Fülle von Sekundäreffekten (Kontakt zu Medien, Präsentation des Unternehmens in einem neuen Umfeld usw.), so daß der Preis für den Tausender-Kontakt im Bereich des Sponsoring deutlich unter dem der traditionellen Anzeigenwerbung liegt.

♦ *Ihre Strategie: Sorgen Sie für Transparenz. Nennen Sie in Ihrem Sponsoringkonzept nicht nur die erforderliche Summe, sondern machen Sie auch bereits konkrete Angaben, wie viele Menschen Sie mit Ihrer Aktion erreichen. Orientieren Sie sich an realistischen Erfahrungswerten. Führen Sie zudem mögliche Sekundäreffekte ins Feld.*

3.4 Mit wem Sie es zu tun haben

Wenn Sie um Spenden bitten, entscheidet in den meisten Fällen der
Unternehmer selbst oder einer seiner leitenden Mitarbeiter. Anders sieht die
Sache beim Sponsoring aus. Wie bereits erwähnt, handelt es sich hierbei um ein
eng mit den übrigen Kommunikationsstrategien eines Unternehmens
verbundenes Instrument. Neben der Unternehmensleitung (Geschäftsführer,
Vorstand) werden die Abteilungen Marketing, Werbung und PR in den
Entscheidungsprozeß miteinbezogen. Beim Verfassen des Sponsoringkonzepts
sollten Sie deshalb auf Vollständigkeit achten.

3.5 Das Sponsoringkonzept

Vergessen Sie nicht: Das Sponsoringkonzept ist letztlich die Bewerbung Ihrer Organisation um ein Sponsorship. Formulieren Sie prägnant (auf insgesamt maximal zehn Seiten), aber faktenreich. Je aussagekräftiger Ihr Konzept, desto schneller kann der potentielle Sponsor unterscheiden, ob das Projekt in seine Kommunikationsstrategie paßt oder nicht.

3.5.1 Die wichtigsten Inhaltselemente eines Sponsoringkonzepts

● **Vorstellung Ihrer Organisation**

Falls Sie mit dem betreffenden Unternehmen zum ersten Mal Kontakt aufnehmen, sollten Sie Ihren Verein oder Ihre Stiftung zunächst vorstellen (das gilt auch dann, wenn Ihre Institution in der Öffentlichkeit relativ bekannt ist). Wichtig sind folgende Angaben:

– Aufgaben und Ziele

– Mit welchem Mitteleinsatz sollen diese Ziele erreicht werden?

– Wer oder was steckt hinter dem Verein oder der Stiftung?

– Wann wurde die Institution gegründet? Gegebenenfalls von wem?

– Wie viele Mitglieder bzw. Förderer?

– Wie weit erstreckt sich das Tätigkeitsgebiet des Vereins bzw. der Stiftung (lokal, regional, länder- oder bundesweit)?

– Wer repräsentiert die Institution nach außen?

● **Die Idee**

Hier erfolgt die ausführliche Beschreibung Ihres Vorhabens. Beleuchten Sie die Hintergründe (»In unserer Stadt leben … ältere Menschen ohne ausreichende soziale Versorgung. Die Mittel für Sozialausgaben wurden von Stadt und Land in den letzten beiden Jahren um … Prozent gekürzt. Wir von der Senioren-Hilfe e. V. wollen helfen …«) Stellen Sie exakt die Inhalte Ihres Vorhabens dar. Verweisen Sie eventuell auf die Erfolge ähnlicher Aktionen und auf das Medienecho. Sollte es bereits Sponsoren geben oder Ihr Projekt von staatlicher Seite Mittel erhalten, so müssen Sie darauf unbedingt hinweisen.

● **An wen richtet sich die Aktion?**

Welche Ziel- und/oder Trendgruppen könnte das Unternehmen erreichen, wenn es sich entschließt, Ihr Vorhaben zu unterstützen? Gibt es in dieser Hinsicht Erfahrungswerte? Falls ja, bitte angeben.

● **Kosten**

In welcher Größenordnung würden Sie sich ein Sponsorship vorstellen? Wie hoch wäre der Anteil der Geld-, wie hoch jener der Sachzuwendungen? Könnte Ihnen eventuell auch Dienstleistungssponsoring weiterhelfen?

● **Gegenleistungen**

Was haben Sie Ihrem potentiellen Sponsor an Gegenleistungen zu bieten? Unterbreiten Sie selbst verschiedene Möglichkeiten (siehe Liste »Leistungen des Sponsoringnehmers«), machen Sie jedoch gleichzeitig deutlich, daß Sie selbstverständlich bereit sind, Vorschläge des Sponsors auf ihre Realisierbarkeit zu prüfen.

● **Zeitlicher Ablauf**

Teilen Sie Ihrem möglichen Sponsor sämtliche Termine Ihrer Aktion mit. Schließlich muß er wissen, bis wann eine Entscheidung zu treffen ist. Informieren Sie das Unternehmen darüber hinaus frühzeitig, ob und gegebenenfalls in welchem Maße mit personellem Aufwand (zum Beispiel durch den Versand von Einladungen) zu rechnen ist.

3.5.2 Leistungen des Sponsoringnehmers

Sie selbst wissen wohl nur zu gut, was Sie Ihrem Sponsor an konkreten Gegenleistungen bieten können. Dennoch haben wir Ihnen eine Liste von Vorschlägen zusammengestellt (selbstverständlich ohne Anspruch auf Vollständigkeit – Sie können und sollten diese Liste ergänzen).

● Name und Logo des Sponsors erscheinen auf den Einladungskarten, den Programmheften, der Ausstellungsbroschüre, auf der Titelseite der Mitgliederzeitschrift usw.

● Name und Logo erscheinen auf Sportlertrikots oder als Bandenwerbung (der Insider spricht von »Branding«).

● Name des Sponsors wird vor (und eventuell nach) einer Veranstaltung durch den Stadionsprecher oder den Conférencier genannt.

● Der Sponsoringnehmer erwähnt den Namen seines Sponsors in seinen Pressemitteilungen.

● Der Sponsoringnehmer organisiert Pressekonferenzen mit prominenten Persönlichkeiten (etwa aus den Bereichen Kultur oder Sport), bei der die Firmenlogos so geschickt angebracht sind, daß ihnen kein Pressefotograf entrinnen kann.

● Der Sponsoringnehmer vergibt Lizenzen. Das heißt, das Unternehmen erhält das Recht, bestimmte Embleme oder Zeichen für Werbezwecke (zum Beispiel auf Verpackungen) zu benutzen.

Und nun Ihre Vorschläge:

_____

_____

_____

_____

_____

_____

_____

_____

_____

_____

3.5.3 Schematischer Aufbau Ihres Sponsoringkonzepts

- Vorstellung der Institution (nur bei der ersten Kontaktaufnahme)
  Umfang eine halbe bis eine Seite

- Umfassende Darstellung der Idee mit sämtlichen Hintergründen
  Umfang drei bis vier Seiten

- Zielgruppe
  Umfang eine halbe bis eine Seite

- Kosten (Trennung von Sach- und Geldzuwendungen)
  Umfang ein bis zwei Seiten

- Gegenleistungen
  Umfang zwei bis drei Seiten

- Termine
  Umfang nach Bedarf

3.6 Geschafft: Der Sponsoringvertrag

Selbst wenn Ihr Projekt nur mit einem vergleichsweise geringen Betrag gefördert wird, sollten Sie mit Ihrem Sponsor einen Vertrag schließen. Das erspart beiden Parteien eventuelle Mißverständnisse oder sogar Rechtsstreitigkeiten mit ungewissem Ausgang. Das Sponsoringkonzept, auf das sich beide Seiten verständigt haben, können Sie dabei zum Bestandteil des Vertrages machen. Zudem sollten Sie im Sponsoringvertrag folgende ergänzende Punkte klären:

- Definitive Höhe der Geld- bzw. Sachzuwendungen
- Wann werden die Geldmittel beziehungsweise die Sachzuwendungen zur Verfügung gestellt?
- Vereinbarungen hinsichtlich der Nutzungsrechte für Namen, Bilder, Texte und Lizenzen
- Laufzeit des Vertrages
- Kündigungsmodalitäten
- Gegebenenfalls Versicherungs- und Haftungsfragen (zum Beispiel bei Veranstaltungen)

3.6.1 Beispiele für Sponsoringverträge

Wir haben zwei Musterverträge für Sie zusammengestellt. Doch beachten Sie bitte: Diese können Ihnen nur eine grobe Orientierung vermitteln, da es angesichts der Vielfalt von Sponsoringmöglichkeiten nahezu unmöglich erscheint, allgemeingültige Formulierungshilfen zu geben.

Auf den nächsten Seiten folgen zwei Beispiele für Sponsoringverträge.

Beispiel 1:

Unternehmen unterstützt Benefiz-Veranstaltung. Gegenleistungen werden im Vertrag beschrieben.

Sponsoringvertrag

zwischen der Firma ... (Sponsor)
und dem Verein ... vertreten
durch ... (Sponsoringnehmer)

Punkt 1.

Der Sponsoringnehmer organisiert am ... (Termin), in ... (Ort), einen musikalischen Abend mit dem Orchester ... und dem Chor ... Der Reinerlös der Veranstaltung wird dem Projekt ... zufließen. Der Schwerpunkt des Programms ist in Anlage 1 zu diesem Vertrag beschrieben.

Punkt 2.

Dem Sponsor werden vor und während der Veranstaltung folgende Werbe- bzw. Sponsoringmöglichkeiten garantiert:

● Veröffentlichung des Firmenlogos auf allen Plakaten und in allen Anzeigen, die für den in Punkt 1 genannten musikalischen Abend werben (die Mindestgrößen sind in Anlage 2 zu diesem Vertrag festgelegt).

● Das Firmenlogo erscheint ebenfalls gut sichtbar auf den Eintrittskarten sowie auf den Programmheften.

● Der Sponsoringnehmer verpflichtet sich, bei allen Mitteilungen an die Medien ausdrücklich auf den Sponsor hinzuweisen.

● Die gesamte Presse- und Öffentlichkeitsarbeit für diesen Abend übernimmt der Sponsoringnehmer in enger Abstimmung mit dem Sponsor.

● Sowohl bei der An- als auch bei der Absage zu der in Punkt 1 beschriebenen Veranstaltung wird der Sponsor mit vollem Namen erwähnt.

Punkt 3.

Der Sponsor erbringt für die in Punkt 2 genannten Leistungen folgende Gegenleistungen:

a) Zahlung einer einmaligen Vergütung an den Sponsoringnehmer in Höhe von … DM. Dieser Betrag wird fällig am …

b) Kostenloser Transport der Künstler (Orchester und Chor) und der Instrumente von X-Stadt zum Veranstaltungsort.

Punkt 4.

Besondere Vereinbarungen (zum Beispiel Möglichkeit der außerordentlichen Kündigung, Haftungs- und Versicherungsfragen usw.) …

Punkt 5.

Beide Parteien verpflichten sich, während der Laufzeit dieses Vertrages alles zu unterlassen, was den Interessen des Vertragspartners schaden könnte.

(Ort und Datum) …

(Unterschriften) …

Beispiel 2:

Unternehmen unterstützt Projekt eines Ökovereins.

Vertrag

zwischen …, im folgenden »Förderer« genannt, und …, vertreten durch …, im folgenden »Verein« genannt

Punkt 1.

Der Verein führt in den Monaten … ein Umweltprojekt zum Schutz der Biotope in … durch.
Im einzelnen sind folgende Maßnahmen vorgesehen: …

Das Projekt wird in enger Abstimmung mit den staatlichen Behörden verwirklicht. Der Verein versichert ferner, über das dafür erforderliche Experten-Know-how zu verfügen.

Für dieses Umweltprojekt entstehen Kosten in Höhe von … DM.

Punkt 2.

Der Förderer unterstützt dieses Projekt mit einer einmaligen Zuwendung in Höhe von … DM. Dieser Betrag ist fällig am … und wird auf ein vom Verein zu nennendes Konto überwiesen. Dafür erhält der Förderer eine Spendenquittung.

Punkt 3.

Zwischen den Parteien besteht Einvernehmen, daß diese Zuwendung ausschließlich für das in Punkt 1 beschriebene Projekt verwendet werden darf. Falls sich das Projekt aus wie auch immer gearteten Gründen nicht realisieren läßt, zahlt der Verein die in Punkt 2 genannte Zuwendung umgehend an den Förderer zurück.

Punkt 4.

Der Verein gestattet es dem Förderer ausdrücklich, das in diesem Vertrag genannte Engagement zu Zwecken der Werbung und der Öffentlichkeitsarbeit zu publizieren. Das betrifft insbesondere die Erwähnung der Zuwendungen in Mitteilungen an die Medien, aber auch in Drucksachen, die vom Förderer selbst herausgegeben werden.

Punkt 5.

Sonstige Vereinbarungen …

(Ort und Datum) …

(Unterschriften) …

3.7 Die Europäische Sponsoring Börse (ESB)

Auf der Suche nach einem Sponsor werden Sie zunächst Eigeninitiative ergreifen. Bei lokalem oder regionalem Sponsoring nehmen Sie zum Beispiel Kontakt mit den in Ihrem näheren Umkreis angesiedelten Unternehmen auf, oder aber Sie nutzen eventuell persönliche Beziehungen. Bei größeren Projekten freilich empfiehlt es sich, die Hilfe einer Sponsoringagentur in Anspruch zu nehmen.

Einen recht preiswerten – und noch dazu grenzüberschreitenden – Service bietet die Europäische Sponsoring Börse (ESB) in Sankt Gallen. Sponsorsucher lassen sich dort gegen eine Gebühr in eine Datenbank aufnehmen. Potentielle Sponsoren wiederum nennen der ESB ihre Wünsche und bekommen entsprechende Angebote aus der Datenbank zusammengestellt. Die ESB vermittelt überdies Fachagenturen in Deutschland und Österreich, organisiert Seminare und gibt mit *ESB-aktuell* einen regelmäßig erscheinenden Börsenbrief heraus.

Die Adresse:

Europäische Sponsoring Börse (ESB)
Postfach 519
CH-9001 St. Gallen
Tel.: Vorwahl der Schweiz/71/23 78 82
Fax: Vorwahl der Schweiz/71/23 78 87

3.8 Checkliste

● Name Ihres Sponsoringprojekts:

_____

● Wie hoch ist der Sponsoringbedarf?

_____

Davon _____ an Geldzuwendungen

_____ an Sachzuwendungen

_____ an kostenlosen Dienstleistungen

● Was haben Sie Ihrem potentiellen Sponsor an Gegenleistungen zu bieten? Woraus könnte er positive Kommunikationseffekte ziehen?

_____

_____

_____

_____

● Versetzen Sie sich in die Rolle des Sponsors. Weshalb sollte das Unternehmen gerade Ihr Projekt unterstützen? Sammeln Sie überzeugende Argumente:

_____

_____

_____

_____

_____

● Haben Sie ein informatives Sponsoringkonzept zusammengestellt? Wird Ihre Idee transparent?

● Achten Sie auf einen »wasserdichten« Sponsoringvertrag, aus dem Leistungen und Gegenleistungen eindeutig hervorgehen (dies erscheint im übrigen auch aus steuerlichen Gesichtspunkten für den Sponsor wichtig).

● Achten Sie auf die Freibeträge. In Deutschland beispielsweise darf ein gemeinnütziger Verein aus Sponsorgeschäften nur 60.000 DM pro Jahr steuerfrei kassieren. Für jede weitere Mark wird Körperschaftssteuer fällig.

Teil 4:

Fundraising

4.1 Spendenbriefe: Botschaften, die zu Herzen gehen

Als Manager einer gemeinnützigen Organisation sollten Sie gezielt alle Erkenntnisse und psychologischen Tricks des Direktmarketing einsetzen. Immerhin machen Wirtschaftsunternehmen damit in der Regel gute Erfahrungen. Vorausgesetzt freilich, sie wählen die richtige Strategie und treffen den rechten Ton.

Spendenbriefe – Experten sprechen von »Spendenmailings« – gehören ohne Frage zu den wichtigsten Instrumentarien der Spendenwerbung, aber eben auch mit zu den schwierigsten. Ein Mailing kann Ihrer Organisation ansehnliche Geldmittel zuführen, nicht ausschließen läßt sich indessen, daß eine solche – nicht billige – Aktion mit einem Flop endet. Damit für Sie der positive Fall eintritt, wollen wir uns an dieser Stelle intensiver mit den Erfolgsgeheimnissen wirkungsvoller Spendenmailings auseinandersetzen.

Eine Bemerkung vorab: Bevor Sie überhaupt ein Mailing planen, sollten Sie sich genau überlegen, an wen Sie Ihre Briefe richten. Wo liegt Ihre Zielgruppe? Wenn der Adressat nicht empfänglich für Ihre Spendenwerbung ist, bringt Ihnen selbst ein hervorragend formuliertes Mailing nicht den erwünschten Erfolg. Ein überzeugter Atheist – um ein besonders krasses Beispiel zu wählen – fühlt sich wohl kaum motiviert, für eine kirchliche Organisation zu spenden.

Wer wirkungsvolle Spendenmailings texten möchte, sollte an drei Grundregeln denken:

1. Ein Spendenbrief ist seinem Charakter nach ein Werbebrief. Er wirbt um Spenden.

2. Dennoch bleibt ein entscheidender Unterschied: Eine gemeinnützige Organisation hat keine Gegenleistung zu bieten. Sie werben mit Ihrem Brief also zum Beispiel nicht für ein Produkt oder eine Dienstleistung.

3. Ein Spendenbrief muß daher den Empfänger motivieren, Gutes zu tun. Wie ein Werbebrief, sollte ein Spendenmailing Bedürfnisse wecken. Allerdings keine Konsumbedürfnisse, sondern das Bedürfnis, zu helfen.

4.1.1 Die wichtigsten Strategien für ein erfolgreiches Spendenmailing

Wie bei vielen Methoden der Werbung entscheidet auch beim Einsatz von Spendenbriefen das Maß an Einfühlungsvermögen des Texters über den Erfolg. Sie sollten sich deshalb bewußt in die Situation des Empfängers hinein-versetzen.

Sicher geht es Ihnen auch so: Fast täglich finden Sie in Ihrer Post Werbebriefe für die unterschiedlichsten Produkte. Einmal angenommen, Sie werfen diese Briefe nicht ungelesen in den Papierkorb (mit diesem Risiko muß der Absender leben), sondern überfliegen zumindest das Schreiben. Welche Fragen kommen Ihnen in einer solchen Situation unmittelbar in den Sinn?

Ihre Fragen:

1. _____?

2. _____?

3. _____?

4. _____?

Hier die meistgestellten Fragen der Empfänger von Werbe- beziehungsweise Spendenbriefen. Vergleichen Sie diese doch mal mit den von Ihnen spontan formulierten Fragen:

1. *Warum* soll gespendet werden?

2. *Weshalb* soll gerade ich spenden?

3. *Verdient* das Projekt/die Organisation meine Unterstützung?

4. *Mit welchem* zusätzlichen Vorteil kann ich rechnen?

♦   *Auf diese Fragen muß Ihr Spendenmailing Antworten geben!*

Die erste Frage ist meist auch die schwierigste. Sie müssen den Empfänger Ihres Briefes überzeugen, und dies geschieht am erfolgreichsten auf der »Gefühlsebene«. Kurzum, Sie müssen an seine Gefühle und Überzeugungen appellieren. Hier einige Beispiele für mögliche Appelle an Ihre Leser:

1. Die *weltanschauliche oder religiöse Überzeugung* (»Sie als Christ«, »Sie als engagierter Schützer einer lebenswerten Umwelt« usw.)

2. Der *Appell an den »guten Charakter«* eines Menschen (Nächstenliebe, soziale Fürsorge, Gerechtigkeitssinn usw.)

3. Der *Appell an das latente schlechte Gewissen* (»Wir leben im Wohlstand, doch einige tausend Kilometer entfernt sterben unsere Mitmenschen an Unterernährung …«)

4. Der *lokalpatriotische Appell* (»Unser Sportverein muß wieder in die A-Liga zurück«)

5. Der *Appell an die Eitelkeit* (»Mit Ihrer Hilfe für den Denkmalschutz setzen Sie sich ein Denkmal im Denkmal«)

6. Der *Appell an ganz persönliche Erinnerungen* (»Erinnern Sie sich noch, wie uns vor 50 Jahren nach dem Krieg geholfen wurde? Jetzt müssen wir helfen …«)

7. Der *Appell an steuerliche Überlegungen* (»Spenden sind voll absetzbar«)

8. Der *Appell zur Imagepolitur* (»Tue Gutes – also spende – und rede darüber«)

Die Appelle 7 und 8 spielen besonders für Gewerbetreibende eine wichtige Rolle.

Überfrachten Sie Ihren Spendenbrief nicht! Wählen Sie nur einen Appell. Sie kennen Ihre Zielgruppe, sie wissen am besten, wofür die Damen und Herren empfänglich sind. Nehmen Sie sich ruhig Zeit, um nachzudenken. Über welchen Appell können Sie die Empfänger Ihrer Spendenbriefe erreichen? Handelt es sich zum Beispiel um lokalpatriotische Sportfreunde, um engagierte Christen, um Förderer der schönen Künste, um sozial oder ökologisch engagierte Menschen …?

Halten Sie an dieser Stelle das Ergebnis Ihres Nachdenkens fest:

Ich entscheide mich für den Appell an:

_____

_____

Die Frage »Weshalb soll gerade ich spenden?« läßt sich bisweilen schon in der Anrede beantworten. Ein paar Beispiele:

- »Lieber Tierfreund«

- »Hallo Nachbarn«

- »Sehr geehrter Musikfreund«

- »Lieber Förderer« (nur zulässig, wenn der Adressat in der Vergangenheit bereits gespendet hat)

Denken Sie nun nochmals genau an Ihre Zielgruppe. Welche Anrede weckt Sympathie und beantwortet gleichzeitig die Frage: »Wieso gerade ich?«

Ich wähle die Anrede:

Sie können den Bezug zur Zielgruppe auch jederzeit im Text herstellen. Zum Beispiel: »Deshalb unser Appell an Sie als engagiertes Mitglied unserer Kirchengemeinde ...«

4.1.2 So texten Sie erfolgreiche Spendenmailings

Das Texten eines Spendenbriefes stellt eine psychologische Herausforderung dar. Sie spielen sozusagen mit den Gefühlen Ihrer Leser. Das ist allerdings keineswegs »ehrenrührig«, sondern Voraussetzung für jeden werbenden Text. Um beim Thema zu bleiben: In der Werbebranche gilt die Maxime: Formuliere einfach und sympathisch! Für Ihr Spendenmailing sollten Sie die Prioritäten dieser Anforderung umkehren: Formuliere sympathisch und einfach.

♦ *Denn nur, wer seine Leser auf der Sympathie-Ebene erreicht, hat Chancen, daß sein Spendenappell Erfolg hat.*

Und das Heimtückische an dieser Sache: Ihnen bleiben nur drei oder vier Sekunden, um die Sympathien Ihrer Leser zu gewinnen. Wie Sie das schaffen?

1. Durch einen übersichtlichen Briefaufbau: Niemals mehr als eine Seite, lange Absätze vermeiden, mit Unterstreichungen höchst sparsam umgehen, auf einen seriösen Briefkopf achten (keine graphischen Extravaganzen – ein Spendenbrief ist kein Werbeplakat!)
2. Durch eine spannende Überschrift (Headline)
3. Durch einen sympathischen Einstieg

Doch grau ist alle Theorie. Nehmen wir den zweiten und dritten Punkt näher unter die Lupe.

4.1.3 Macht und Magie der Headlines

Die Headline muß über der Anrede stehen – also in der »Betreff-Zeile« – und die Neugier des Lesers wecken. Gerät sie langweilig oder nichtssagend, verpufft ihr Effekt. Bemühen Sie sich daher um einen überraschenden, verblüffenden Slogan.

Beispiel: Der Verein »Praktische Nächstenliebe« hat die Patenschaft für eine Gemeinde in Zentralafrika übernommen. Dort fehlen dringend Medikamente, gerade zur Behandlung von Kindern und Neugeborenen. Mit einem Spendenmailing möchte der Verein Mittel beschaffen, um konkret vor Ort helfen zu können. Angenommen, über dem eigentlichen Brieftext stünde folgende Headline:

Sammlung für die medizinische Betreuung von Kindern

Wie beurteilen Sie diese Überschrift? Vor allem: Wo sehen Sie deren Schwächen?

_____

_____

_____

Unsere Kritik: Die Headline gibt den Inhalt des nachfolgenden Textes sachlich richtig wieder. Doch die Zeile klingt, als sei sie in einer Behörde »kreiert« worden: kalt, bürokratisch. Sie ist weder sprachlich besonders originell noch weckt sie die Neugier der Leser.

Hier nun der eigentliche Spendenbrief. Lesen Sie sich diesen genau durch und versuchen Sie anschließend, eigene Headlines zu texten.

Liebe Gewerbetreibende aus X-Stadt,

wir möchten Sie für drei Minuten nach Afrika entführen.
Folgen Sie uns gedanklich in die Nähe des Äquators. Eine traumhafte Vorstellung, meinen Sie?
Für uns Europäer sicherlich.
Für die Menschen dort jedoch wird das Leben oft zum Alptraum. Nach jahrelangem Bürgerkrieg in … (Name des Landes) fehlt es jetzt am Nötigsten.
Vor allem an Medikamenten.

Tag für Tag sterben Neugeborene und Kinder, weil Geld für Arznei fehlt.
Der Verein »Praktische Nächstenliebe« will dazu beitragen, diese Menschen zu retten.
Um retten zu können, brauchen wir Ihre Hilfe.
Schon mit einer einmaligen (und steuerlich voll absetzbaren) Spende von 100 Mark werden auch Sie zum Retter in höchster Not.
Herzlichen Dank im Namen der Menschlichkeit.
Mit freundlichen Grüßen

Anlage: Überweisungsauftrag für Ihre Hilfe

Soweit der Spendenbrief. Versuchen Sie nun, drei »zündende« Headlines für diesen Text zu entwickeln (wenn Ihnen noch mehr Ideen kommen – um so besser):

1. _____

2. _____

3. _____

Und hier nun unsere Vorschläge:

Haben Sie heute schon ein Kind gerettet?

Hundert Mark statt tausend Worte

So spenden Sie Leben – statt nur Trost

Eine Spende hilft – schlechtes Gewissen quält

Ob Ihnen ein Menschenleben hundert Mark wert ist ...?

4.1.4 Der »Einstieg« in Ihren Spendenbrief

Wie gesagt: Neben der Headline müssen auch die ersten Sätze Wirkung auf den Leser haben. Dieses Ziel wird aber mit Sicherheit verfehlt, wenn Sie langweilig oder umständlich formulieren. Es sollte Ihnen idealerweise gelingen, gleich mit dem ersten Absatz auf Sympathie oder zumindest auf Aufmerksamkeit zu stoßen, damit der Empfänger über das ganze Mailing »gleitet«. Damit meinen wir das Überfliegen Ihrer Nachricht, denn nur in Ausnahmefällen dürfte der Adressant Ihres Spendenappells Ihr Schreiben sofort intensiv lesen. Dieses »gleitende Lesen« informiert den Empfänger bereits in groben Zügen über Ihr Anliegen. Danach wird er entscheiden, ob er sich noch einmal eingehender mit Ihrem Wunsch beschäftigt und vielleicht in Ihrem Sinne reagiert, oder aber ob das Mailing im Papierkorb landet.

Welche Methoden bieten sich für den Einstieg in einen Spendenbrief an, werden Sie nun fragen. Und wir müssen zunächst mit einem Geständnis antworten: Es gibt mehrere Theorien. Drei Experten, vier Meinungen. Einigkeit besteht zumindest darüber, wie man tunlichst nicht formulieren sollte. Nämlich etwa so:

Sehr geehrter Naturfreund,

zunächst möchten wir uns kurz vorstellen: Vor drei Jahren gründeten acht ökologisch orientierte Männer und Frauen unserer Stadt den gemeinnützigen Verein »Grüne Lunge«. Ziel ist, zum einen durch eine Sensibilisierung des öffentlichen Bewußtseins, zum anderen aber auch durch konkrete Maßnahmen zur Begrünung unserer Innenstadt dazu beizutragen, unsere Umwelt wieder lebenswerter zu machen … und so weiter, und so weiter …

Was mißfällt Ihnen an diesem Text (stichwortartig formuliert)?

_____

_____

_____

_____

Unsere Kritik: Einmal abgesehen davon, daß sich dieser Einstieg ausgesprochen langweilig liest, erfährt der Empfänger durch die einleitenden Bemerkungen lediglich, was für tolle Damen und Herren sich da in einem Verein zusammengefunden haben und welch edle Motive sie umtreibt. Der Leser bleibt gleichsam ein »Zuschauer« – er bleibt außen vor, wird nicht in die Dramaturgie des Briefes eingebunden.

♦   *Der Tenor Ihres Spendenmailings darf* NIE *sein:*
    »Wir sind gut, also unterstützen Sie uns.«
    Vielmehr muß er folgende Botschaft vermitteln:
    »Wir brauchen Ihre Hilfe, um gute Arbeit zu leisten.«

Daher muß der Leser sofort im ersten Satz direkt angesprochen werden!
  Beckmessern kann jeder! Wie hätte der Einstieg in unserem Beispiel besser ausfallen können? Etwa folgendermaßen:

> Lieber Naturfreund,
>
> geht es Ihnen auch so? Jetzt, im heißersehnten Frühjahr, wieder mal so richtig durchatmen ...
> Lieber nicht, denn die Konzentration an Schadstoffen in unserer Stadt hat gerade während der Wintermonate besorgniserregende Ausmaße erreicht.
> Dicke Luft aber stinkt uns!
> Ihnen auch? Gut, dann unternehmen wir gemeinsam etwas dagegen. Der gemeinnützige Verein »Grüne Lunge«, vor drei Jahren von ökologisch orientierten Männern und Frauen gegründet, möchte in unserer Stadt kleine »grüne Inseln« schaffen.
> Schon mit einer einmalige Spende von 50 Mark helfen Sie, unsere blühenden Phantasien umzusetzen und mit der Pflanzungsaktion zu beginnen.
> Helfen Sie mit, damit wir alle in einem etwas freundlicheren Klima leben.
>
> Viele Grüße

Der Einstieg in unserem Beispiel bedient sich zweier Techniken. Zum einen wird der Leser sofort integriert, mithin ein »Wir-Gefühl« hergestellt, und zwar in einem lockeren Plauderton (»Geht es Ihnen auch so...?«). Zum zweiten appellieren die ersten Sätze an ein positives Grundgefühl der Menschen – es ist Frühjahr, der Winter ist überstanden, die Temperaturen steigen, man träumt schon von den nächsten Ferien.

Eine weitere Möglichkeit, Ihren Spendenbrief zu beginnen, stellt die Methode dar, sozusagen »mit der Tür ins Haus« zu fallen. Unser Beispiel würde dann etwa folgendermaßen beginnen:

Lieber Naturfreund,

mit einer Spende von 50 Mark verbessern Sie das Klima in Ihrer Stadt ...

Beide Techniken weisen Vor- und Nachteile auf. Wo sehen Sie die Stärken und Schwächen der vorgestellten Methoden?

Schwächen der »sanften Annäherung« (Soft approach):

● _____

● _____

● _____

Stärken des Soft approach:

● _____

● _____

● _____

Schwächen des unmittelbaren Spendenappells (zweites Beispiel):

● _____

● _____

● _____

Stärken des unmittelbaren Spendenappells:

● _____

● _____

● _____

Und hier nun die Wertung des Autors:

Schwächen des Soft approach:

● Gelingt es nicht auf Anhieb, Sympathie oder Neugier zu wecken, wird der Rest des Briefes meist nicht mehr gelesen.

● Es besteht zumindest die Gefahr, daß der persönliche Einstieg leicht ins »Kumpelhafte« abgleitet. Dies jedoch wirkt ausgesprochen kontraproduktiv.

● Der Leser kann verärgert sein, wenn er die Methode durchschaut (»Warum sagen die nicht gleich, daß sie Geld wollen«).

Stärken des Soft approach:

● Sie integrieren den Leser (»Wir-Gefühl«), sprechen positive Gefühle in ihm an und führen ihn ganz allmählich an das Thema heran.

● Wenn es Ihnen gelingt, die Aufmerksamkeit Ihres Lesers zu fesseln, ist die Wahrscheinlichkeit groß, daß er auch die von Ihnen im mittleren Teil des Briefes inszenierten Argumente (Motto: *»Deshalb sollten Sie uns helfen«*) zur Kenntnis nimmt.

● Gerade dann, wenn Sie zum ersten Mal mit einem potentiellen Spender kommunizieren, sollten Sie um Sympathie werben. Und dazu bietet sich in der Regel nur der Weg des »Soft approach« an.

Schwächen des unmittelbaren Spendenappells:

● Der Leser entscheiden sofort »ja oder nein«. Ihnen bleibt somit keine Zeit mehr, Ihre Argumente auszubreiten.

● Viele Zeitgenossen empfinden einen solchen Einstieg so, als würde ihnen die Pistole auf die Brust gesetzt.

● Der Leser erkennt sofort: »Aha, ein Bettelbrief!«. Er nimmt Ihren Verein, Ihre Organisation oder Stiftung sowie Ihr Anliegen meist gar nicht mehr zur Kenntnis.

Stärken des unmittelbaren Spendenappells:

● Auch Offenheit kann bekanntlich Sympathien wecken (Motto: »Die sagen zumindest gleich, was sie wollen, und reden nicht um den heißen Brei herum«).

● Dadurch, daß er sofort weiß, worum es geht und somit entscheiden kann, ob er weiterliest oder nicht, hat der Empfänger nicht den Eindruck, Sie würden ihm die Zeit stehlen.

● Ihr selbstbewußter Einstieg läßt den Leser vermuten, daß Sie wirklich über schlagkräftige Argumente verfügen müssen.

Tip des Autors: Der direkte Einstieg, also der sofortige Spendenappell, kann sich dann als sinnvoll erweisen, wenn dem Empfänger Ihre Organisation bekannt ist und er in der Vergangenheit vielleicht schon das eine oder andere Mal gespendet hat. Ansonsten sollten Sie den »Soft approach« wählen, um in den ersten Sätzen zunächst um Sympathie und Vertrauen zu werben.

4.1.5 Der Spendenbrief im Aufbau

Headline und Einstieg – gut und schön. Doch wie geht es weiter? Welche Schritte müssen nun folgen, um das Interesse des Lesers zu erhalten und um ihn am Ende zu einer Spende zu bewegen? Orientieren Sie sich am folgenden Schema:

● Headline (überraschen, Neugier wecken)

● Ansprache (entweder persönlich oder aber über die Zielgruppe – »Sehr geehrter Förderer des TuS 1889 ...«)

● Einstieg (Soft approach oder unmittelbarer Spendenappell)

● Überleitung zum Thema (Sie gleiten von der subjektiven Ebene zur objektiven und beantworten die Frage »Um was geht es eigentlich?«)

● Argumente – weshalb der Leser spenden soll (siehe Spendenappelle)

● Aufforderung zur Tat (»Helfen Sie uns«, »Unterstützen Sie unser Anliegen«, »Werden Sie zum Lebensretter« o. ä., gegebenenfalls verbunden mit einem Hinweis auf das beigefügte Überweisungsformular)

Zwei praktische Beispiele sollen dieses eher theoretische Schema anschaulicher machen.

Beispiel 1:

Bürgerinitiative sammelt für Denkmalpflege. Als Einstieg soll ein »Soft approach« gewählt werden.

Sie helfen – wir retten

Sehr geehrte Frau Groß-Zügig,

erinnern Sie sich an Ihren letzten Italien-Urlaub? An die prachtvollen Baudenkmale?
Ähnlich stolze Zeugnisse der Vergangenheit gibt es auch bei uns. Malerische Schlösser, trutzige Burgen und Kirchen, umrankt von Geschichte und Geschichten.
Doch diesen unwiederbringlichen Baudenkmalen droht in den östlichen Bundesländern Gefahr. Jahrzehntelang wurden diese Monumente vernachlässigt.

Nun beginnt der Verfall. Der Staat allein kann die Sünden der Vergangenheit nicht beseitigen.
Private Hilfe ist notwendig. Ihre Hilfe!
Mit Ihrer Spende für unsere Bürgerinitiative »Denkt an die Denkmale« helfen Sie direkt, unsere Kulturlandschaft zu erhalten. Um es Ihnen so einfach wie möglich zu machen, legen wir diesem Brief ein Überweisungsformular bei.
Leisten wir gemeinsam einen Beitrag, damit unsere Kinder und Enkel noch staunend Kunst und Architektur der vergangenen Jahrhunderte bewundern können.
Herzlichen Dank.

Mit freundlichen Grüßen

Beispiel 2:

Sportverein bitten um Spenden zur Reparatur des Vereinsheims. Dieses Mal wird der direkte Spendenappell als Einstieg gewählt.

Sehr geehrter Förderer des TuS 1889,

über Geld sprich man bekanntlich nicht, man hat es. Wir haben kein Geld, also müssen wir offen darüber reden: Wir bitten Sie herzlich um eine Spende für unser Vereinsheim.
Sie wissen es wahrscheinlich: Unser Vereinsheim wurde Anfang der fünfziger Jahre mit einfachen Mitteln gebaut. Heute spüren wir die Folgen. Das Dach ist undicht, die Leistungen sind brüchig, es ist feucht und zugig.
Sie sehen, da kann keine rechte Atmosphäre mehr aufkommen.
Dringende Sanierungsarbeiten sind notwendig, soll unser Vereinsheim nicht noch weiteren Schaden nehmen.
Sprechen wir also über Geld. Genauer: über jene 25.000 Mark, die uns noch fehlen, um die Baumaßnahmen beginnen zu können.
Der Etat der Gemeinde ist ausgereizt, unsere eigenen Mittel erscheinen denkbar knapp.
Bleibt nur, um Spenden zu werben. Wir laden Sie deshalb herzlich ein: Helfen Sie mit Ihrer Spende, unser Vereinsheim vor weiteren baulichen Schäden zu bewahren.
Dafür danken wir Ihnen.

Mit freundlichen Grüßen

Vielleicht reizt es Sie, am Ende dieses Abschnittes sich selbst mal an zwei Spendenbriefen zu versuchen. Hierzu zwei konkrete Fälle.

1. Fall:

Eine Kirchengemeinde sammelt für Bürgerkriegsopfer. Zielgruppe des Spendenmailings sind jene Gemeindemitglieder, die sich bereits in der Vergangenheit als großherzige Spender erwiesen haben.
   Wie würden Sie einen solchen Brief formulieren?

Headline: _____

Sehr geehrter Herr/Frau …

_____

_____

_____

_____

_____

_____

_____

_____

_____

_____

_____

_____

_____

_____

_____

_____

_____

Mit freundlichen Grüßen
Unterschrift

Vorschlag des Autors:

Menschlichkeit – die Sprache des Herzens

Sehr geehrte(r) Herr/Frau …,

geht es Ihnen auch so? Sie lesen Zeitung, verfolgen die Fernsehnachrichten –
und sind hinterher allzuoft deprimiert.
Deprimiert angesichts der Not und des Elends in weiten Teilen der Welt.
Erschütternde Berichte, die uns auf einer Insel des Wohlstands und des Friedens
erreichen.
Christliche Nächstenliebe und aktive Menschlichkeit können die Not nicht
beseitigen, wohl aber lindern.
Sie, sehr geehrter Herr/Frau …, haben in der Vergangenheit mit Ihren Spenden
großherzige Menschlichkeit bewiesen.
Dürfen wir auch dieses Mal auf Sie hoffen?
Über zweihundert Bürgerkriegsflüchtlinge aus … (Name des betreffenden
Landes) leben in unserer Stadt. Doch ihr Leben ist menschenunwürdig.
Wir wollen diese Mitmenschen mit dem Notwendigsten versorgen. Ihre Spende
ist also gelebte Nächstenliebe.
Herzlichen Dank, auch im Namen Ihrer auf Hilfe hoffenden Mitmenschen.

Mit freundlichen Grüßen

2. Fall:

Verein sammelt für eine bessere Ausstattung des städtischen Blindenheims mit Büchern in Blindenschrift. Zielgruppe: Frühere Spender sowie Adressen, die auf Empfehlungen zurückgehen.

Wie würden Sie einen solchen Brief formulieren?

Headline: _____

Sehr geehrter Herr/Frau ...

_____

_____

_____

_____

_____

_____

_____

_____

_____

_____

_____

_____

_____

Mit freundlichen Grüßen

Unterschrift

Vorschlag des Autors:

Ihre Spende hilft Blinden lesen

Sehr geehrte Spenderin, sehr geehrter Spender,
liebe Freunde unseres Vereins,

diesen Brief können Sie lesen – mit Ihren Augen.
Fast 500 Mitbürgerinnen und Mitbürger unserer Stadt wären dazu nicht in der
Lage. Sie haben ihr Augenlicht verloren. Manche bereits in ihrer Kindheit.
Auf das Lesen müssen sie freilich nicht verzichten. Dafür gibt es Bücher und
Zeitschriften in Blindenschrift. Einige haben wir für die Bibliothek des städtischen
Blindenheims angeschafft. Doch das Interesse unserer blinden Mitmenschen ist
größer als unser Etat.
Sie können helfen: mit einer Spende für den Blindenverein XY-Stadt e.V. Mit den
eingehenden Beträgen werden wir umgehend neue Bücher und Zeitschriften
kaufen. Dürfen wir wieder auf Sie zählen?
Helfen Sie, damit unsere Blinden lesen können.
Wir sagen vorab herzlichen Dank für Ihre Unterstützung.

Mit freundlichen Grüßen

4.1.6 Checkliste

● Weckt Ihre Headline Interesse, macht sie neugierig?

● Sind in Ihrem Mailing die Fragen »Warum gerade ich?« und »Weshalb soll ich spenden?« beantwortet?

● Haben Sie sich für einen psychologisch wirksamen Appell entschieden?

● Haben Sie Ihren Text einfach und sympathisch formuliert (klare Sprache, kurze Sätze und kurze Absätze)?

● Welchen Einstieg wählen Sie? Den Soft approach oder den direkten Spendenappell?

● Bleibt Ihr Text für den Leser bis zum Ende spannend?

● Haben Sie an einen motivierenden Schlußappell gedacht?

● Ein »PS« sollten Sie nur anfügen, wenn Sie wirklich noch etwas Wichtiges mitzuteilen haben (zum Beispiel, wenn unter den ersten 100 Spendern Preise verlost werden). Ansonsten dürfen Sie darauf verzichten.

4.2 Wie Sie Spender an sich binden

Angenommen, Sie haben einen wirklich erstklassigen Spendenbrief getextet, und die Resonanz in Form der eingehenden Mittel übertrifft alle Erwartungen. Das gibt zunächst einmal allen Anlaß zur Zufriedenheit: gut gemacht. Doch so erfreulich die 100 Mark von Herrn Gnädig oder die 5000 Mark der Firma Spendabel & Co. auch erscheinen mögen, letztlich handelt es sich um die bekannten »Tropfen auf den heißen Stein«. Wäre doch schön, wenn Herr Gnädig oder die Firma Spendabel regelmäßig zum Einzahlungsschein greifen würden … oder? Sie wissen, daß die Namen und Adressen von »Altspendern« für Sie von unschätzbarem Wert sind. Bei dieser Zielgruppe sind Sie bekannt, man hat Ihnen bereits das Vertrauen geschenkt. Also gut, in einem halben Jahr starten Sie Ihr nächstes Mailing und sind guter Dinge, daß Gnädig und Spendabel sowie all die anderen Spender von früher wieder in der von Ihnen erhofften Weise reagieren. Doch dann – welcher Verdruß – kommt die herbe Enttäuschung. »Einmal und nie wieder« scheint die Devise dieser Herrschaften zu sein.

Woran könnte das liegen? Welche Gründe kommen Ihnen in den Sinn?

Vielleicht, weil _____

_____

_____

Vielleicht, weil _____

_____

_____

Vielleicht, weil _____

_____

_____

Welche möglichen Gründe sind Ihnen eingefallen?

1. *Vielleicht, weil sich die finanzielle Lage der betreffenden Person bzw. des Unternehmens verschlechtert hat.*

   Kann sein, doch in der Regel fallen dann die Spenden nur etwas geringer aus.

2. *Vielleicht, weil sich der Empfänger Ihres Mailings nicht mehr für Ihr Thema interessiert.*

   Eher unwahrscheinlich. Wer einmal für eine bestimmte Sache spendet, dokumentiert damit, daß er überzeugt hinter dem Anliegen steht.

3. *Vielleicht, weil er Ihre Organisation oder Ihren Verein nicht mehr mag.*

   Häufig liegt es in der Tat an diesem Punkt. Ihr Spender fühlt sich vernachlässigt.

Deshalb: Stellen Sie eine systematische Spenderbetreuung sicher. Das kostet Zeit und Geld, keine Frage, zahlt sich aber aus.

4.2.1 Wie Sie sich bei Ihren Spendern bedanken sollten

Niemand wird von Ihnen erwarten, daß Sie für eine Fünf- oder Zehn-Mark-Spende einen persönlichen Dankesbrief verfassen. Anders sieht die Sache aus, wenn die Spende eine dreistellige Summe erreicht. Wer 300 oder 400 Mark spendet, verdient ein paar herzliche Worte des Dankes.
   Wie aber sollten Sie einen solchen Dankesbrief schreiben? Bitte nicht so:

> Sehr geehrte Frau Groß-Zügig,
> es ist mir ein aufrechtes Bedürfnis, Ihnen meinen tiefempfundenen Dank für Ihre großherzige Spende auszusprechen. Mit Ihrer selbstlosen Hilfe retten Sie kranke Kinder, die um Hilfe flehen, während wir hier im Wohlstand Europas die Hilferufe der Ärmsten der Armen nicht hören ...

Wer sich so pathetisch anbiedert, macht sich unglaubwürdig. Nur glaubwürdig formulierter Dank wirkt ehrlich und stößt beim Empfänger auf Sympathien.

Versuchen Sie es einmal. Formulieren Sie einen kurzen Dankesbrief an eine Spenderin, die – sagen wir – 400 Mark für eine Kinderhilfsorganisation überwiesen hat:

Sehr geehrte Frau Groß-Zügig,

_____

_____

_____

_____

_____

_____

_____

_____

_____

_____

_____

_____

_____

_____

_____

Mit freundlichen Grüßen aus X-Stadt.

Hier nun unser Vorschlag:

> Sehr geehrte Frau Groß-Zügig,
>
> das Schicksal kranker Kinder auf entfernten Kontinenten läßt Sie nicht gleichgültig. Ihre spontane Hilfsbereitschaft hat dies sehr überzeugend dokumentiert.
> Mit Ihrer großzügigen Spende helfen Sie uns, anderen zu helfen. Im konkreten Fall Menschen, die in den wenigen Jahren ihres bisherigen Lebens nur Not, Krankheit und Unterernährung kennengelernt haben.
> Für diesen Beweis der Hilfsbereitschaft und der Nächstenliebe danken wir Ihnen herzlich.
> Das Vertrauen all unserer Spender ist uns Ansporn und Verpflichtung zugleich.
>
> Mit freundlichen Grüßen aus X-Stadt

Aber Vorsicht: Es sollte sich um einen persönlichen, vom Vorsitzenden, Geschäftsführer oder einem leitenden Mitarbeiter unterschriebenen Brief handeln. Bitte keine Vordrucke versenden oder eine Stempel-Unterschrift verwenden. Sie werden es vielleicht nicht für möglich halten, aber die Empfänger von derlei Dankesbriefen achten äußerst genau auf solche Details. Das geht soweit, daß manche sogar mit einem angefeuchteten Finger über die Unterschrift fahren. Verwischt sich die Schrift, dann ist sie tatsächlich handgeschrieben. Mittlerweile gibt es zwar regelrechte Unterschriftsmaschinen, deren »Namenszüge« selbst diesen Test bestehen, eine solche Investition lohnt sich indessen nur für wirklich große gemeinnützige Organisationen mit mehreren 1000 aktiven Spendern.

Selbstverständlich gibt es zahlreiche weitere Methoden, sich bei Spendern zu bedanken. Die nachfolgende Liste soll Ihnen einige konkrete Anregungen liefern:

● Sie rufen den Spender an und bedanken sich mündlich. Dieser Weg empfiehlt sich bei größeren Spenden (ab 500 Mark aufwärts). Rufen Sie den Spender privat an, möglichst am frühen Abend oder am Samstag.

- Schicken Sie Großspendern ein kleines Dankeschön – ein Buch zum Thema, Theaterkarten o. ä. Auf diese Weise bleibt Ihr Verein oder Ihre Organisation im Gedächtnis des Betreffenden haften.

- Falls sich Ihre Aktivitäten auf den regionalen Raum beschränken, wäre zum Beispiel an ein Spendertreffen zu denken, in dessen Verlauf Sie in lockerer Atmosphäre in Wort und Bild über Ihre Arbeit berichten (und natürlich klar verdeutlichen, woran es noch mangelt). Sind Sie überregional tätig, so können Freundes- oder Fördererkreise vor Ort diese Aufgabe übernehmen.

- Halten Sie Ihre Spender auf dem laufenden. Es muß nicht immer eine teure Fördererzeitschrift sein. Für kleinere Institutionen reicht ein »Fördererbrief« völlig aus.

4.2.2 Der regelmäßige Spender

Er gehört zu den Lieblingen eines jeden »Fundraisers«: der Spender, der unaufgefordert Monat für Monat einen bestimmten Betrag überweist. Doch wie wird aus einem sporadischen ein regelmäßiger Spender? Indem Sie überzeugende Argumente geschickt vermitteln – das ist schwieriger als es klingt, doch was ist schon einfach im Leben …?

- Verweisen Sie auf die fortdauernde Notwendigkeit von Spenden (»Nur wenn es uns mit Ihrer großzügigen Mithilfe jeden Monat gelingt, die Summe von XY an Spenden einzunehmen, können wir unser gemütliches Vereinsheim erhalten und die Halbtagsstelle eines Hausmeisters weiter garantieren …«).

- Stellen Sie eine Zweckbindung her (»Mit Ihren regelmäßigen Zuwendungen helfen Sie, die vom Verfall bedrohte Dorfkirche St. Paul in XY-Stetten zu erhalten«).

- Appellieren Sie an das Gewissen Ihrer Zielgruppe (»50 Mark im Monat tun Ihnen nicht weh. Uns aber hilft dieser Betrag, Menschenleben retten«).

- Kommen Sie der Eitelkeit mancher Zeitgenossen entgegen (wer mindestens zwei Jahre monatlich 100 Mark gespendet hat, dessen Name wird – sofern er zustimmt – in eine Tafel eingraviert, die gleich am Eingang der durch Spendenmittel ermöglichten neuen Krankenstation in Ruanda prangt).

● Auch Urkunden verfehlen Ihre Wirkung nicht. Konkretes Beispiel: Ein Verein hatte es sich zum Ziel gesetzt, junge Führungskräfte aus Osteuropa in Fortbildungsveranstaltungen in die Funktionsweise der Marktwirtschaft einzuführen. Dafür warb der Verein bei westlichen Unternehmern um Spenden. Wer für ein Jahr monatlich mindestens 500 Mark spendete, erhielt eine dekorativ aufgemachte Urkunde. Der Wortlaut:

EHRENURKUNDE

für Herrn Günter Spendabel

Durch Ihre engagierte Beteiligung an der Bildungsarbeit unserer Gesellschaft haben Sie entscheidend dazu beigetragen, den Gedanken der freien und sozialen Marktwirtschaft zu fördern und die Prinzipien dieses bewährten Wirtschaftssystems gerade den jungen Kolleginnen und Kollegen in den Reformstaaten Mittel- und Osteuropas darzustellen.
Damit haben Sie eine wichtige gesellschaftspolitische Aufgabe vorbildlich erfüllt und ein unverzichtbares Stück Zukunftsarbeit geleistet. Dafür danken wir Ihnen.

XY-Stadt, den _____   Unterschrift _____
                                  (Präsident)

◆ *Meist empfiehlt es sich, die Spender selbst entscheiden zu lassen, wie hoch die monatliche Zuwendung ausfällt (Selbsteinschätzung). Denken Sie aber daran, einen Mindestbetrag vorzugeben. Dieser läßt sich nachvollziehbar begründen.*

Unser Rat: »Sicher ist unserem gemeinsamen Anliegen mit jeder Mark geholfen. Wir bitten Sie aber herzlich um Verständnis, daß wir bei monatlichen Zuwendungen von einem Mindestbetrag von 20 Mark ausgehen müssen. Nur so gelingt es uns, die Verwaltungskosten in engen Grenzen zu halten und weiterhin über 90 Prozent unserer Spendeneinnahmen dem guten Zweck zukommen zu lassen«.

Stellen Sie – soweit möglich – den kontinuierlichen Spendern einen besonderen Anreiz in Aussicht (»Alle Freunde unseres Theaters, die unser Projekt im vergangenen Jahr mit monatlichen Spenden gefördert haben, erhalten zum Jahresende einen dekorativen Kalender mit Bildern von den Highlights der zurückliegenden Saison und einer Vorschau auf künftige künstlerische Leckerbissen«).

Nehmen Sie Ihren Spendern zudem die Angst, sich dauerhafte »Verpflichtungen« aufzuladen («Wenn Sie heute oder morgen aus dem Kreis unserer Förderer aussteigen wollen, stellen Sie einfach die Zahlungen ein. Sie sind uns selbstverständlich keinerlei Erklärung schuldig»).

Soweit ein paar Anregungen. Nun sind Sie gefragt. Sie kennen Ihre Zielgruppe, Ihre bisherigen Spender. Was könnte diese sporadischen Förderer zu regelmäßigen Spendern machen? Notieren Sie sich gleich, was Ihnen hierzu einfällt:

Wichtig: Liegt die monatliche Spendenhöhe nahe an der vorgegebenen Mindestgrenze, so empfiehlt es sich, einmal pro Jahr eine Erhöhung vorzuschlagen. (Motto: »Sie kennen das ja – die Kosten steigen und steigen. Allein die Portoaufwendungen erhöhten sich im vergangenen Jahr um … Prozent. Sehr geehrte(r) Herr/Frau …, bitte prüfen Sie doch gelegentlich Ihre Möglichkeiten, die monatliche Spendenhöhe etwas anzuheben. Falls Sie dazu nicht bereit sind, akzeptieren wir selbstverständlich Ihre Entscheidung. Wir hoffen auf Ihr Verständnis für unsere Bitte, aber unser Ziel ist es, auch im nächsten Jahr mit Ihrer Unterstützung so erfolgreich helfen zu können wie in den zurückliegenden zwölf Monaten«.)

Außerdem: Gelingt es Ihnen, gerade ältere und vermögende Zielgruppen für Ihr Anliegen zu begeistern, so besteht nach einer langen, vertrauensvollen Verein-Spender-Beziehung vielleicht sogar die Chance eines Vermächtnisses. Auf diese Möglichkeit sollten Sie jedoch nur in Form allgemeiner Tips (zum Beispiel in Ihrem »Spender-Brief«) hinweisen und bei Interesse Ihre Beratung anbieten (»Haben Sie Fragen zu diesem Thema? Herr Dr. Jürgen Naundorf, Jurist und Vorstandsmitglied unseres Vereins, steht Ihnen jederzeit und sehr diskret unter der Rufnummer … zur Verfügung«).

4.2.3 Checkliste

● Kommunizieren Sie mit Ihrem Spender? Ist sichergestellt, daß ab einer bestimmten Spendenhöhe schriftliche Dankesschreiben verschickt werden?

● Denken Sie daran: Vorgedruckte Dankesschreiben wirken unpersönlich.

● Haben Sie sichergestellt, daß wichtige Dankenschreiben persönlich unterschrieben werden?

● Wurde festgelegt, unter welchen Umständen (abhängig unter anderem von der Spendenhöhe und der Zielgruppe) der Dank auch telefonisch erfolgen kann? Wer ruft an?

● Haben Sie Strategien entwickelt, um aus sporadischen Spendern ständige Förderer zu machen?

● Wird bei geringer monatlicher Spendenhöhe in regelmäßigen Abständen »nachgehakt« (allerdings maximal einmal pro Jahr)?

● Haben Sie Ihre Förderer in Ihrer Vereins- oder Fördererzeitschrift schon auf die Möglichkeit hingewiesen, eine gemeinnützige Organisation testamentarisch zu bedenken?

4.3 Weitere Möglichkeiten der Spendenakquisition

4.3.1 Sammlungen

Diese geradezu »klassische« Methode des Fundraising weckt zum Teil immer noch völlig überholte Vorstellungen. Natürlich gibt es sie – die Sammelbüchse auf dem Ladentisch und die vielen freiwilligen Helfer, die am Samstag mit ihren Sammelbehältnissen in den Fußgängerzonen stehen und auf die wohltätige Gesinnung der Passanten hoffen. Dazu später mehr. Zunächst wollen wir jedoch noch die anderen gängigen Arten des Sammelns vorstellen. Welche fallen Ihnen spontan ein, welche haben Sie in der Vergangenheit vielleicht schon erfolgreich eingesetzt? Notieren Sie gleich Ihre Antworten:

_____

_____

_____

_____

_____

Erfolgreich eingesetzt wurden:

_____

_____

_____

_____

_____

Wir möchten an dieser Stelle auf die folgenden Arten des Sammelns näher eingehen:

● Sammeln unter Mitgliedern

● Öffentliche Haus- oder Straßensammlungen

● Sammlungen von Altmaterial

● Verkauf von Waren zu einem höheren Preis

Sammeln unter Mitgliedern

Ein Vertreter des Vorstands – zum Beispiel der Kassenwart – besucht die Mitglieder des Vereins, schildert kurz, welchem Zweck die Sammlung letztlich dient und zählt darauf, daß der oder die Angesprochene die Geldbörse zückt und einen Schein auf den Tisch legt. Der Spender erhält neben dem Dank des Vorstands eine steuerlich abzugsfähige Spendenquittung. Das war's dann. Dagegen ist zwar nichts einzuwenden, aber dieses Verfahren – sie wissen es – läßt sich nur bei kleineren, lokalen Vereinen oder in den Orts- oder Kreisverbänden größerer Organisationen praktizieren. Denn wer würde es schon auf sich nehmen, mehrere tausend Mitglieder in den verschiedensten Teilen des Landes auf Spenden anzusprechen? In diesem Fall erweisen sich die bereits ausführlich beschriebenen Spendenbriefe als sehr viel effizienter.

♦ *Sammlungen unter Mitgliedern können Sie jederzeit durchführen. Hierzu bedarf es keiner behördlichen Genehmigung!*

Öffentliche Sammlungen

Ganz gleich, ob Sie für Ihren Verein nun auf der Straße sammeln, oder ob Sie und Ihre Helfer von Haustür zu Haustür gehen: In beiden Fällen müssen Sie zuvor eine Genehmigung einholen. Beschränkt sich Ihre Aktion auf die lokale Ebene, so ist die Stadt beziehungsweise die Kreisverwaltung zuständig. Denken Sie an einen großflächigeren Einsatz, so kann – je nach Ausdehnung – das Regierungspräsidium oder gar das Innenministerium des betreffenden Bundeslandes die zuständige Genehmigungsbehörde sein.

Immer häufiger stellt sich indessen die Frage, inwieweit diese Art des Spendensammelns noch zeitgemäß erscheint. Urteilen Sie selbst: Wo sehen Sie die Problematik der Haus- und Straßensammlungen?

Hier Ihre fünf wichtigsten Bedenken:

1. _____

2. _____

3. _____

4. _____

5. _____

Hier nun unsere fünf wichtigsten Bedenken:

1. Sicher gilt die Devise »Kleinvieh macht auch Mist«. Der Ertrag solcher Sammelaktionen – gerade, wenn sie sich auf die lokale Ebene beschränken – erscheint freilich bescheiden.

2. Sie sollten beim modernen Fundraising die Menschen zum Spenden motivieren, nicht aber nötigen. Es mag ja durchaus sein, daß der eine oder die andere wirklich frohen Herzens einen Geldschein in die Sammelbüchse steckt. Viele fühlen sich dazu aber eher bedrängt. Das kann dem Image Ihrer gemeinnützigen Organisation auf Dauer schaden. Bedenken Sie: Haus- und Straßensammlungen sind sogar grundsätzlich verboten, wenn damit eine unmittelbare Belästigung der Bürger oder der öffentlichen Sicherheit und Ordnung verbunden ist.

3. Wollen Sie eine Sammelaktion großflächig aufziehen, brauchen Sie eine Menge freiwilliger Helfer, die nicht nur hinreichend motiviert sind, sondern den potentiellen Spendern auch Rede und Antwort stehen können, falls sich jemand sehr detailliert dafür interessieren sollte, was denn nun eigentlich mit seinem Geld passiert.

4. Ihre Organisation muß in der breiten Öffentlichkeit bekannt sein und weithin auf Akzeptanz stoßen. Wer spendet schon für einen Verein oder eine Stiftung, die er nicht kennt? Allein der Spendensammler vor Ort schafft es nur in den wenigsten Fällen, ausreichende Informationen zu vermitteln. Schauen

Sie sich die durch die Fußgängerzonen der Innenstädte hastenden Menschen an: Wer bringt schon genug Zeit und Lust auf, sich über eine gemeinnützige Organisation und deren Hintergründe zu informieren? Es sei denn, Sie flankieren die Aktion mit einer breitangelegten Informationskampagne (Stellwände, Info-Bus, Broschüren, Flugblätter usw.).

5. Aussicht auf Erfolg besteht nur dann, wenn das Ziel Ihrer Organisation und Ihrer Spendenaktion die Menschen in starkem Maße sensibilisiert (Hilfe für Erdbeben- oder Bürgerkriegsopfer, Tierschutz usw.).

Sammeln von Altmaterial

Denken Sie hierbei nicht ausschließlich an die üblichen Sammlungen von Altkleidern und Altpapier. Längst gibt es andere Möglichkeiten, die den gemeinnützigen Organisationen nicht nur Einnahmen bescheren, sondern überdies einen wünschenswerten ökologischen Effekt haben (und dem sammelnden Verein quasi nebenbei zu einem positiven Image verhelfen). In Frage kommen etwa recyclingfähige Stoffe, zum Beispiel Aluminiumschalen, wie sie für Fertigmenüs verwendet werden.

Verkauf von Waren zu einem höheren Preis

Sie kennen das von den großen Non-Profit-Organisationen: Man kauft ein Buch oder eine CD, und ein bestimmter Betrag des Kaufpreises fließt einem gemeinnützigen Zweck zu. Aber was sich im großen bewährt, läßt sich auch im kleinen praktizieren. Zum Beispiel, indem ein Sportverein seinen Gästen die Flasche Bier mit einem entsprechenden Aufpreis verkauft, der dann der Vereinskasse zugute kommt. Oder ein Verein bietet Kalender oder Karten zu einem höheren Preis an. Oder der Trainer eines Sportvereins erteilt Unterricht. Die eingenommenen Kursgebühren fließen vollständig oder teilweise dem Verein zu.

♦ *Beachten Sie die steuerlichen Regelungen. In vielen Fällen unterliegt der erzielte Mehrertrag der Körperschaftsteuer. Machen Sie sich kundig, um später unangenehme Überraschungen zu vermeiden.*

4.3.2 Bußgeldmarketing

Sie haben sicher schon davon gehört: Ein Richter verhängt ein Bußgeld, das an eine bestimmte gemeinnützige Organisation zu zahlen ist. Welche Auflagen muß ein Verein oder eine Stiftung erfüllen, um in den Genuß solcher Bußgelder zu kommen? Im einzelnen gelten folgende Voraussetzungen:

● Die Organisation muß ihre Ziele detailliert darlegen (Satzungen, Tätigkeitsberichte usw.).

● Laut Steuerbehörde muß die Organisation als gemeinnützig anerkannt sein.

● Der Verein ist verpflichtet, nach Aufforderung Rechenschaft über die Höhe und Verwendung der erhaltenen Bußgelder abzulegen. Diese Rechenschaftsberichte können auch veröffentlicht werden.

Jene gemeinnützigen Organisationen, die für Bußgeldzuweisungen in Frage kommen, stehen auf einer Liste. Dem Richter ist es freigestellt, für welchen Verein oder welche Stiftung er sich entscheidet. Voraussetzung, um auf eine solche Liste zu gelangen, ist ein entsprechender Antrag an den Präsidenten des Amts- beziehungsweise des Landgerichts.

Denken Sie aber daran: Diese Art des Fundraising weist eine Kehrseite auf: Wer von einem Gericht gezwungen wird, zur Buße Geld an einen Verein oder eine Stiftung zu überweisen, kommt dem naturgemäß eher zähneknirschend als freudigen Herzens nach. Das kann so weit führen, daß der Betreffende seinen Ärger automatisch auf jene Organisation überträgt, die zu unterstützen er gezwungen wurde. Es empfiehlt sich daher dringend, auch in diesen Fällen Dankesbriefe zu schreiben und die Wichtigkeit dieser Zuwendungen im Interesse der Öffentlichkeit in den Vordergrund zu stellen.

4.3.3 Kostenlose Spendenanzeigen

Anzeigen in Zeitungen oder Zeitschriften kosten Geld. Für viele kleinere Vereine oft zuviel Geld. Gemeinnützige Organisationen, deren Engagement allgemein auf Resonanz stößt, haben freilich die Chance, gelegentliche Gratisanzeigen gegen Spendenquittung zu placieren. Das funktioniert folgendermaßen: Sie entwerfen mehrere Anzeigenmotive in verschiedenen Formaten, die sich möglichst an der Spaltenbreite jener Zeitungen und Zeitschriften orientieren sollten, in der Sie eine Anzeigenschaltung wünschen. Anschließend lassen Sie entsprechende Anzeigenfilme herstellen. Besprechen Sie diesen Schritt am besten mit einem Fotosatzstudio beziehungsweise einer Druckerei. Sicherlich unterhalten Sie schon entsprechende Kontakte durch die Herstellung Ihrer übrigen Drucksachen.

Diese Anzeigenfilme liefern Sie den in Frage kommenden Publikationen. Dies können sein:

- Tageszeitungen

- Publikumszeitungen

- Fachzeitschriften

- Firmen-/Kundenzeitschriften

- Periodika, die von den Wirtschaftskammern bzw. Gewerkschaften herausgegeben werden

- Kirchenzeitschriften

Bei den wirklich großen und auflagenstarken Zeitschriften dürften Sie sich mit der Bitte um Gratisanzeigen zwar schwertun. Aber mehrere Veröffentlichungen in kleineren Magazinen, mit denen Sie eine ganz spezielle Zielgruppe erreichen, oder in Regionalzeitungen erweisen sich ebenfalls als wirkungsvoll.

Welche Publikationen fallen Ihnen mit Blick auf Ihre Zielgruppe ein? Wo würden Sie gern eine Gratisanzeige schalten (natürlich am liebsten in »Focus« oder »Spiegel«, aber bleiben Sie realistisch):

_____

_____

_____

_____

_____

_____

_____

Was bringt nun einen Verlag dazu, kostenlos für Ihre gemeinnützige Organisation zu werben? Im Grunde drei Überlegungen:

Die praktische Überlegung. Gerade auf den Anzeigenseiten der Tageszeitungen entstehen häufig Lücken. Schauen Sie sich nur etwa den Stellenmarkt an: ein buntes Mix von unterschiedlichen Anzeigenformaten. Drei-, vier- oder fünfspaltig die einen, halb- oder viertelseitig die anderen. Dazwischen sucht eine Familie in einer Kleinanzeige eine Küchenhilfe … Obwohl die Anzeigenformate in ihrer Breite und Höhe einer gewissen Norm unterliegen, bleibt es nicht aus, daß sich bei der Zusammenstellung der Seiten hier und da Lücken ergeben. Falls Ihre Anzeige in diese Lücke paßt – Glück gehabt (deshalb stets mehrere unterschiedliche Anzeigenformate liefern!). Zeitschriften mit kleiner Auflage haben häufig Probleme, die vorgegebenen Anzeigenseiten zu bestücken. Das betrifft mitunter sogar die Umschlagseiten. Auch dann ist eine Gratisanzeige oft die letzte Rettung. Gleiches gilt, wenn unmittelbar vor Druckbeginn ein Anzeigenkunde abspringt.

Die finanzielle Überlegung. Als gemeinnützige Organisation können Sie steuerermäßigende Spendenquittungen ausstellen. Die Veröffentlichung einer kostenlosen Anzeige kommt einer Spende gleich. Angenommen, der Verlag X. hat in seiner Zeitschrift Y. eine halbseitige Anzeige Ihres Vereins oder Ihrer Stiftung veröffentlicht. Er schickt Ihnen daraufhin eine entsprechende Rechnung. Die wird von Ihnen aber nicht etwa bezahlt, vielmehr schicken Sie dem Verlag über den betreffenden Betrag eine Spendenquittung. Mithin haben beide Parteien einen Vorteil: Sie haben gleichsam zum Nulltarif geworben, und der Verlag spart Steuern.

Die Image-Überlegung. Die Veröffentlichung von Anzeigen bestimmter gemeinnütziger Organisationen kann überdies dazu beitragen, die Publikation in den Augen Ihrer Leserschaft zu profilieren (Anzeigen von Umwelt-organisationen in Zeitschriften, die sich an jüngere Zielgruppen wenden, Anzeigen von humanitären Hilfsorganisationen in Kirchenzeitungen usw.).

Bitte beachten Sie: Verständlicherweise ist diese Art der kostenlosen Werbung bei den gemeinnützigen Organisationen sehr beliebt. Sie müssen also mit starker Konkurrenz rechnen (aber das ist angesichts des heißumkämpften Spendenmarkts sicher keine neue Erkenntnis für Sie). Sie erhöhen Ihre Chancen,

– indem Sie in den Anzeigenabteilungen gezielt Werbung für Ihren Verein oder Ihre Stiftung betreiben (siehe Musterbrief),
– indem Sie wirklich professionelle Anzeigenmotive vorlegen. Scheuen Sie daher nicht die Investition und beauftragen Sie einen erfahrenen Grafiker. Die einmal entworfenen Sujets lassen sich in der Regel über Jahre hinweg verwenden.

Musterbrief an die Anzeigenabteilung

So oder so ähnlich könnte Ihr Brief an die Verlage aussehen:

Verein XYZ e. V.
– Vorstand –
(Anschrift)

Verlag ZYX GmbH
– Anzeigenleitung –
(Anschrift)

(Ort und Datum)

Sehr geehrte Damen und Herren,

unser vor … Jahren gegründeter Verein verfolgt ehrgeizige und – wie uns das Finanzamt …(Stadt) ausdrücklich bescheinigte – gemeinnützige Ziele.

Der Verein macht es sich zur Aufgabe … (kurze Darlegung der angestrebten Ziele und der eingeschlagenen Wege).

Um diese gemeinnütige Anliegen erfüllen zu können, brauchen wir mehr aktive Mitglieder. Außerdem gilt es, das Spendenaufkommen zu optimieren.

Dabei können Sie uns helfen. Wir würden uns freuen, wenn sich das eine oder andere Mal die Gelegenheit böte, eines unserer Anzeigenmotive in Ihrer Publikation … (Name) zu veröffentlichen. Die fertigen Anzeigenfilme in verschiedenen Formaten liegen diesem Schreiben bei.

Nach Veröffentlichung und Rechnungsstellung erhalten Sie dann umgehend eine steuerlich abzugsfähige Spendenquittung.

Damit Sie unseren Verein näher kennenlernen, überreichen wir Ihnen folgendes Informationsmaterial:

● Kurzporträt

● Vereinssatzung

● Presseveröffentlichungen über Aktionen unseres Vereins

● Referenzschreiben von

_____

_____

Sollten Sie weitergehende Fragen haben, wenden Sie sich bitte an ... (Name und Telefonnummer).

Wir würden uns sehr freuen, wenn Sie unser gemeinnütziges Anliegen in der dargelegten Weise unterstützen könnten.

Mit freundlichen Grüßen

(Unterschrift/en)

Anhang: Weiterführende Literatur

Becker, Bettina M.: Unternehmen zwischen Sponsoring und Mäzenatentum. Motive, Chancen und Grenzen unternehmerischen Kunstengagements, Frankfurt 1994

Bourgon, Gabriele: Sponsoring in der Kreditwirtschaft, Wiesbaden 1992

Brocks, Christoph: Basiskurs Fundraising, Markgröningen 1994

Brückner, Michael: Erfolg durch besseres Formulieren, Bad Homburg 1989

Brückner, Michael: Spendenbriefe, in: »Die besten Briefe von A bis Z« (Loseblattwerk), Bonn 1995

Bruhn, Manfred/Mehlinger, Rudolf: Rechtliche Gestaltung des Sponsoring, Bd. 1: Allgemeiner Teil, Vertragsrecht, Steuerrecht, Medienrecht, Wettbewerbsrecht, München 1992; Bd 2: Besonderer Teil, Sport-, Kultur-, Sozial-, Umwelt- und Programmsponsoring, München 1994

Mauerer, Stefan: So finden Sie den richtigen Sponsor, München 1992

Ott, Siegharr: Vereine gründen und erfolgreich führen, 5. Aufl., München 1994

Strahlendorf, Peter: Jahrbuch Sponsoring 1994/95, Düsseldorf 1994

Als Ergänzung zu diesem Buch in der Reihe »New Business Line«

Kurt Bauer, Karl Giesriegl **47**

Druckwerke und Werbemittel herstellen
Wie Sie mit Satz, Repro, Druck und Papier umgehen
ISBN 3-7064-0171-1

Sie lassen drucken? Sie mühen sich mit Druckereien, Satz- und Repro-studios, Werbeagenturen und Verlagen ab? Dieses Buch ist eine übersichtliche Einführung in die Druckbranche und gleichzeitig ein gut gegliedertes Nachschlagewerk für alle Fachausdrücke – ganz auf die tägliche Praxis zugeschnitten. Mit vielen Tips, wie Sie kostengünstiger und effektiver produzieren können.

Helga Zimmer-Pietz **50**

Professionelles Texten
Briefe/Werbetexte/Pressemitteilungen/Produktbeschreibungen
Praktische Tips und Checklisten
ISBN 3-7064-0172-X

Moderne Kommunikation wird immer schnellebiger. Da heißt es oft: rasch reagieren im Wettbewerb. Hier findet der Leser eine Anleitung zum professionellen Texten: für den Alltag, für die Korrespondenz, für die Bereiche Werbung und Öffentlichkeitsarbeit.